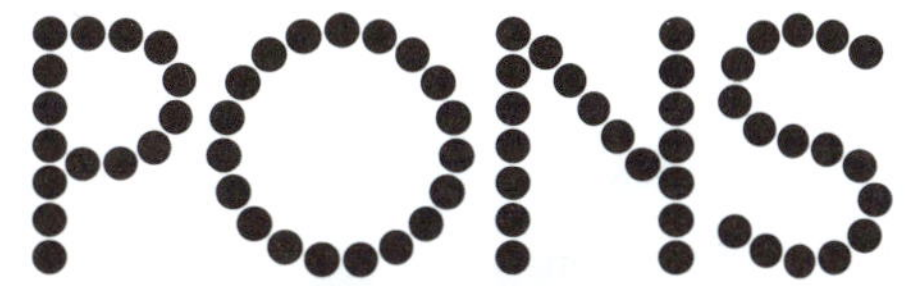

SPANISCH mit allen Sinnen

Sprachkurs mit MP3-Download

sehen * hören * fühlen * schmecken * riechen

von
Hanna Hommes
unter Mitarbeit von Berta Villarino Cirici

PONS

Spanisch
mit allen Sinnen
Sprachkurs mit MP3-Download

von
Hanna Hommes
unter Mitarbeit von Berta Villarino Cirici

Die Hördateien findest du als MP3 zum Download unter

www.pons.de/mitallensinnen

3. Auflage 2025

Projektleitung: Angela de Riese
Redaktion: Montserrat Varela, Angela de Riese
Logoentwurf: Erwin Poell, Heidelberg
Logoüberarbeitung: Sabine Redlin, Ludwigsburg
Innenlayout: Petra Michel
Covergestaltung: Anne Pixaras, Stuttgart
Satz: digraf.pl - dtp services
Tonaufnahmen: db media dupré & buhr gbr
Gesprochen von: Dani Lloret, Elena Silva, Gaby Olarieta, Esteban Gletz, Erwin Lindemann

Druck und Bindung: Multiprint Ltd., Kostinbrod

ISBN: 978-3-12-562406-1

Danke für dein Vertrauen!

Wir bei PONS sind der Überzeugung: Wer Sprachen spricht, dem steht die Welt offen. Aus diesem Grund entwickeln wir seit über 40 Jahren hochwertige Wörterbücher und Sprachlern-Produkte und entwerfen ständig neue didaktische Konzepte, um für alle Lernenden das Passende anbieten zu können.

Hilf uns mit deinem Feedback!

Bist du mit diesem Sprachkurs zufrieden?

Dann freuen wir uns über deine **Weiterempfehlung**. Erzähl es deinem Freundeskreis, der Buchhandlung deines Vertrauens oder schreib eine **Online-Rezension** und hilf uns, dieses Buch anderen näherzubringen.

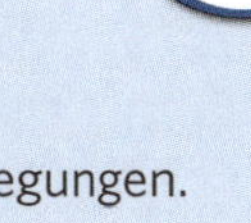

Du hast Fragen bzw. Kritik oder Korrekturen an unserem Sprachkurs?

Wir freuen uns über deine Anregungen. Schreib uns eine Nachricht über **www.pons.de/kontakt**.

Dein Feedback hilft uns, unsere Produkte immer weiter zu verbessern.

Herzlichen Dank für deine Unterstützung und viel Spaß & Erfolg beim Sprachenlernen.

Deine PONS-Redaktion

Lernen mit allen Sinnen

Dein Gehirn verarbeitet jeden Tag eine Flut an Sinneseindrücken. Die meisten Informationen schaffen es nur bis ins Kurzzeitgedächtnis und werden danach wieder vergessen. Je mehr Sinne aber beim Lernen angesprochen werden, umso schneller machst du Fortschritte und umso dauerhafter wird alles, was du neu lernst, in deinem Gehirn abgespeichert.

Dein Sprachkurs **PONS Spanisch mit allen Sinnen** setzt genau hier an und bindet alle fünf Sinne ein:

sehen

Gleich zu Beginn jeder Lektion lernst du den wichtigsten Wortschatz zum Thema – einfach und bebildert. Auch im Rest der Lektion sorgen Bilder und Farben für ein **visuelles Lernerlebnis**. So tauchst du direkt ins Land ein. Sieh dir die schönsten Bilder an, so oft du willst, um dich in eine entspannte Lernstimmung zu versetzen.

hören

Auch das Ohr spielt beim Lernen einer Sprache eine sehr wichtige Rolle. Den Einstiegswortschatz, den Haupttext jeder Lektion sowie viele weitere Hörübungen hörst du dir ganz einfach an: Unter **www.pons.de/mitallensinnen** lädst du dir die MP3-Dateien herunter. Wenn du auf Anhieb noch nicht alles verstehst, macht das gar nichts – hör es dir immer wieder an. So bekommst du den **Klang der Sprache nachhaltig ins Ohr** und aktivierst dein Hörverstehen.

schmecken

Lernen mit Genuss: Lass dir die Sprache auf der Zunge zergehen und probier die **landestypischen leckeren Rezepte** aus, die dich in jeder Lektion erwarten. Dein Spanisch übst du dabei ganz praxisnah und aktivierst auch noch sämtliche anderen Sinne. Vielleicht hast du einmal Lust, das richtig zu zelebrieren. Nimm dir Zeit für diese sehr effektive Lern-Pause!

Riechen

Düfte haben eine sehr starke Wirkung auf dein Gehirn und können **Konzentration und Merkfähigkeit** positiv beeinflussen. Im Kurs wirst du immer wieder aufgefordert, dir Düfte vorzustellen oder tatsächlich an ihnen zu schnuppern und sie so mit dem Gelernten zu verknüpfen. Außerdem findest du im Buch eine Duftkarte. Probier doch einmal aus, was passiert, wenn du beim Lernen und Wiederholen immer wieder an ihr riechst!

Fühlen

Auf der letzten Seite jeder Lektion geht es ums Fühlen. Mit Fühlen ist hier das umfassende **„Be-Greifen" der Sprache** gemeint. Das können kleine, aber auch große Tätigkeiten sein, vom Basteln über das Anfassen konkreter Gegenstände bis hin zum Lernen in Bewegung. Die Hauptsache ist, dass du selbst aktiv wirst. Dabei lernt lernt das Gehirn ganz natürlich.

Und jetzt alle zusammen!

Wenn du das Wort für einen Gegenstand gelesen und gehört hast, ein Bild davon gesehen und vielleicht auch den Gegenstand real angefasst, beschnuppert oder gekostet hast, hast du zahlreiche **Verknüpfungen im Gehirn** geschaffen, die dir das Merken erleichtern. Oft reicht es aber auch schon, Lernen mit Bewegung zu verbinden, also nimm die MP3s mit auf einen Spaziergang, die Joggingrunde oder ins Fitnessstudio. Probier verschiedene Wege aus und feiere deine Erfolge!

Lernen mit Gefühl und Verstand

Am einfachsten merken wir uns das, was für uns wichtig ist. Dieser Kurs bringt dir eine Fülle von Anregungen. Deine Aufgabe ist es, dir das herauszusuchen, was **deine Neugier anregt und dir Spaß bereitet**. Beschäftige dich damit intensiv, leg das Buch zur Seite und such in deiner Umgebung nach allem, was dir hilft. Schau Filme, hör Musik, sprich mit Menschen, tauch entspannt mit allen Sinnen in die Sprache ein – wir wünschen dir dabei viel Vergnügen!

Deine PONS-Redaktion

Inhalt

¡Bienvenidos a España!

WILLKOMMEN IN SPANIEN!

Hallo und herzlich willkommen in der spanischsprachigen Welt! Wusstest du, dass mehr als 400 Millionen Menschen in über 21 Ländern Spanisch als Muttersprache sprechen? Diese Sprache öffnet dir die Tür zu zahlreichen faszinierenden Ländern dieser Welt. Unsere Reise beginnt aber in dieser Lektion zunächst in Spanien. Los geht's! Kennst du vielleicht schon einige der folgenden Wörter?

hören Tr. 1

España
Spanien

Alemania
Deutschland

¡Hola!
Hallo!

el español
Spanisch

la lengua
Sprache

la calle
Straße

la plaza
Platz

el monumento
Denkmal

la escuela
Schule

la cerveza
Bier

el café
Kaffee

el sol
Sonne

la playa
Strand

el/la turista
Tourist/in

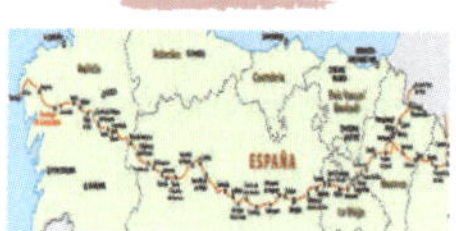

la ruta
Route

el mapa
Stadtplan

el/la amigo/a
Freund/in

el hotel
Hotel

bailar
tanzen

hablar
sprechen

Tr. 2

- ¡Hola! Bienvenido a España. ¿Qué tal?
- ◎ Estoy bien, gracias. ¿Y tú?
- Estoy fenomenal. ¿Cómo te llamas?
- ◎ Me llamo Philipp.
- Encantada, Philipp.

- ◎ ¡Hola! ¿Cómo estás?
- Estoy muy bien, gracias. ¿Y tú?
- ◎ Fantástico. ¿Cómo te llamas?
- Me llamo Lisa.
- ◎ Mucho gusto, Lisa. Yo me llamo Javier.

1 Jetzt bist du dran! In den beiden Dialogen findest du erste wichtige Ausdrücke für ein Gespräch auf Spanisch. Ordne sie der passenden Übersetzung zu.

1. ¡Hola!	___ **A** Willkommen in Spanien.
2. Bienvenido a España.	___ **B** Mir geht es gut, danke.
3. ¿Qué tal? / ¿Cómo estás?	___ **C** Hallo!
4. Estoy bien, gracias.	___ **D** Wie heißt du?
5. ¿Y tú?	___ **E** Wie geht es dir?
6. Estoy fenomenal.	___ **F** Ich heiße Lisa.
7. Me llamo Lisa.	___ **G** Und dir?
8. ¿Cómo te llamas?	___ **H** Mir geht es supergut.

2 Welche Wörter aus den beiden Dialogen erkennst du in der Wortschlange? Umkreise sie.

TZHOLAÍAMELLAMOERQUÉTALICEBIENERÍABIENVENIDOROA

3 Höre dir nun die beiden Dialoge noch einmal an und sprich die Sätze laut nach.

hören
Tr. 3

Die spanische Aussprache

Vielleicht hast du schon festgestellt, dass die spanische Aussprache nicht besonders kompliziert ist. Die meisten Wörter kannst du genau so aussprechen, wie sie geschrieben werden. Beachte aber die folgenden Besonderheiten:

¿Y tú?	y = i
plaza	z = englisches th
café	c vor a, o, u = k
español	ñ = nj
calle	ll = j
hola	h = nicht gesprochen

Beachte: Der Buchstabe **z** (wie in **plaza**) sowie ein **c** vor **e** und **i** (wie in **centro** oder **cerveza**) wird in Spanien wie ein englisches **th** ausgesprochen (in Lateinamerika und auf den Kanaren wird ein scharfes **s** gesprochen).

4 Höre dir die neuen Wörter der Lektion an und sprich sie dir jeden Tag laut vor. Denke dabei an Orte, an denen du schon einmal warst, Erlebnisse, die du dort hattest und Menschen, die du kennengelernt hast.

hören
Tr. 1

5 Übe die Aussprache der Wörter:
cerveza, turista, ruta, gracias, compañero, vocabulario, bailar, hablar

hören
Tr. 4

Traust du dich vielleicht auch an diesen Zungenbrecher heran?
Rosa Rosales corta una rosa.
¡Qué roja la rosa de Rosa Rosales!
Rosa Rosales schneidet eine Rose ab.
Wie schön rot ist die Rose von Rosa Rosales!

LERNTIPP

Du hast Schwierigkeiten mit dem **gerollten r**? Keine Sorge, du kannst es folgendermaßen üben: Tausche im Wort *Brötchen* das *r* durch ein *d*. Sprich dieses Wort nun immer wieder laut aus und werde dabei schneller und schneller: *Bdötchen, Bdötchen, Bdötchen, ...* Merkst du, wie aus dem *bd* langsam ein gerolltes *r* wird?

6 Nimm einen Korken in den Mund und beiße feste darauf. Sprich dann die Wörter dieser Lektion laut aus. Nimm den Korken heraus und sprich sie noch einmal laut vor dich her. Du wirst feststellen, dass dir die Aussprache beim zweiten Mal leichter fällt!

fühlen

El oder la?

Spanische Substantive haben entweder männliches oder weibliches Geschlecht und erhalten deshalb unterschiedliche Artikel, z.B. **el chico** *der Junge* und **la chica** *das Mädchen*. Das Geschlecht erkennst du oft an der Endung des Substantivs: -o (männlich) und -a (weiblich).

 **el** *der* **un** *ein*	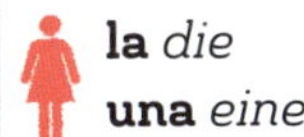 **la** *die* **una** *eine*	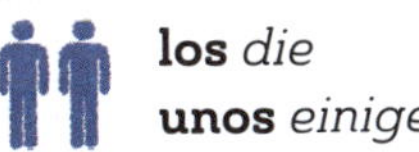 **los** *die* **unos** *einige*	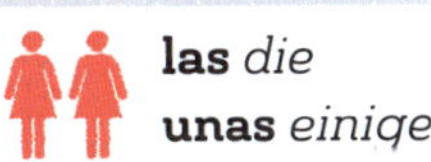 **las** *die* **unas** *einige*

Merke: Der unbestimmte Artikel im Plural **unos/unas** bedeutet übersetzt *einige/ein paar*, z.B. **unas ciudades** = *einige Städte*.

Der Plural der Substantive

Der Plural wird gebildet, indem ein **-s** an das Wort angehängt wird.
Endet ein Wort mit Konsonant, wird **-es** angehängt:

el parque	→	**los parques**
la calle	→	**las calles**
el hotel	→	**los hoteles**
la ciudad	→	**las ciudades**

7 Stell dir vor, du spazierst durch eine spanische Fußgängerzone. Dort ist viel los ... Was siehst, hörst, riechst und schmeckst du? Trage jeweils das Wort mit bestimmtem **(el/la)** und unbestimmtem Artikel **(un/una)** und in der Ein- und Mehrzahl **(los/las/unos/unas)** ein.

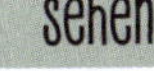

sehen
hören
riechen
schmecken

el chico *Junge*	**la melodía** *Melodie*	**el helado** *Eis*	**la bebida** *Getränk*
______	______	______	______
______	______	______	______
______	______	______	______

REZEPT

Tortilla de patatas

KARTOFFELOMELETTE

Schmecken

Die **Tortilla de patatas** ist eine der bekanntesten Spezialitäten der spanischen Küche. Sie wird meist als **Tapa** in Bars gereicht und kann kalt oder warm gegessen werden. Sie ist lecker und einfach zuzubereiten. Wer die klassische Tortilla verfeinern möchte, kann weitere Zutaten wie Speck, Salami oder Paprika hinzufügen.

Zutaten / Ingredientes:

aceite de oliva / *Olivenöl* – **600 g** de patatas harinosas en dados o en rodajas finas / *mehlige Kartoffeln in Würfeln oder dünnen Scheiben* – **1** cebolla troceada / *1 gewürfelte Zwiebel* – **3** huevos grandes / *3 große Eier* – sal y pimienta / *Salz und Pfeffer* – perejil / *Petersilie*

1. Öl in einer großen Pfanne erhitzen. Die Kartoffeln und die Zwiebelstücke 20 Minuten lang darin anbraten.
2. Die Eier schlagen und mit Salz und Pfeffer würzen. Mit den Kartoffeln und den Zwiebeln mischen.
3. Die Mischung etwa 5 Minuten in der Pfanne anbraten, wenden und von der anderen Seite anbraten.
4. Die fertige Tortilla in Kuchenstücke oder größere Würfel schneiden und mit Petersilie garnieren.

las patatas *Kartoffeln*
el aceite de oliva *Olivenöl*
el huevo *Ei*
la cebolla *Zwiebel*
sal y pimienta *Salz und Pfeffer*
el perejil *Petersilie*

Tipps und Tricks

Du kannst die Tortilla am leichtesten in der Pfanne wenden, wenn du sie auf einen Teller stürzt und anschließend in die Pfanne gleiten lässt. Lasse dir beim Braten Zeit, damit die Tortilla gleichmäßig gar wird!

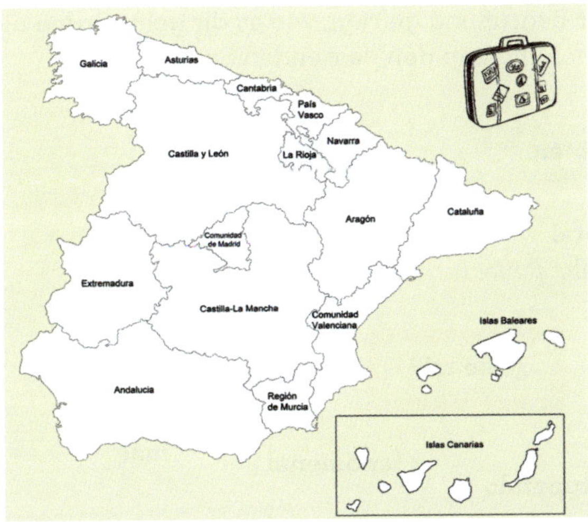

COMUNIDADES AUTÓNOMAS IN SPANIEN

Spanien ist in 17 **Comunidades Autónomas** unterteilt. Zu den bekanntesten zählen Andalusien, Katalonien oder die Kanarischen und Balearischen Inseln.
In einigen dieser Regionen werden neben dem Spanischen weitere Amtssprachen wie das Galicische (in Galicien), das Baskische (u.a. im Baskenland) und das Katalanische (u.a. in Katalonien) gesprochen.

8 hören Tr. 5

Komm mit auf eine Reise durch Spanien! Höre den Sprechern zu und trage ein, aus welcher Stadt sie kommen. Notiere auch die entsprechende Comunidad Autónoma. Markiere anschließend in der Karte oben, wo sich die genannte Stadt in Spanien befindet.

1. Ciudad: ______________ Comunidad Autónoma: ______________

2. Ciudad: ______________ Comunidad Autónoma: ______________

3. Ciudad: ______________ Comunidad Autónoma: ______________

4. Ciudad: ______________ Comunidad Autónoma: ______________

9

Nun bist du an der Reihe: **¿Cómo te llamas y de dónde eres?** *Wie heißt du und woher kommst du?* Schreibe einen Mini-Dialog, in dem du dich selbst vorstellst und sagst, woher du kommst.

* Me llamo... *Ich heiße ...*
* ¿Cómo te llamas?
* ¿De dónde eres? *Woher kommst du?*
* Soy de... *Ich komme aus ...*
* Mucho gusto. / Encantado/a.

FREUT MICH, DICH KENNENZULERNEN!

Sich auf Spanisch vorzustellen ist einfach. Wenn du darüber hinaus ausdrücken möchtest, dass du dich über die Bekanntschaft freust, benutzt du den Ausdruck **Mucho gusto** oder **Encantado/a**. Das **o** steht am Ende, wenn du ein Mann bist, das **a** benutzt du, wenn du eine Frau bist.

10 In Spanien wirst du häufig zur Begrüßung gefragt, wie es dir geht. Ordne die möglichen Antworten aus dem Mindmap den passenden Smilies zu.

muy bien

fantástico

genial

fatal
sehr schlecht

de maravilla
wunderbar

excelente

¿Qué tal?

regular

bien

estupendo
toll

fenomenal

mal

☺	😐	☹

11 Sehen

Stelle dich im Laufe der nächsten Woche jeden Morgen und jeden Abend vor den Spiegel und frage dich laut: **¿Qué tal?** oder **¿Cómo estás?** Je nach Tagesverfassung wählst du deine Antwort.

SMALLTALK IN SPANIEN

Wer höflich sein möchte, beginnt ein Gespräch mit **¿Qué tal?** Auch wenn nicht immer eine Antwort erwartet wird, ist es gut, wenn du weißt, wie du antworten könntest. Aber Achtung: Wer einen richtig schlechten Tag hat, würde mit Fremden nicht unbedingt offen darüber sprechen.

12

fühlen

Gehe nun auf Entdeckungsreise in deiner unmittelbaren Umgebung und notiere für zehn Gegenstände die jeweiligen Wörter auf Spanisch. Gestalte aus diesen Wörtern ein Mindmap zum Thema **Mi vida en español** – *Mein Leben auf Spanisch*. Zeichne auch eine Skizze zu jedem Wort. Höre dir dann die spanischen Wörter im Online-Wörterbuch auf **www.pons.de** an und sprich sie laut nach. Als Wiederholung der Grammatik dieser Lektion solltest du jedes spanische Wort auch im Plural und mit unbestimmtem und bestimmtem Artikel notieren.

Mi vida en español

la puerta – *Tür*

- **las puertas**
- **una puerta**
- **unas puertas**

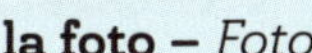

la foto – *Foto*

- **las fotos**
- **una foto**
- **unas fotos**

LERNTIPP

In dieser Lektion hast du deine ersten spanischen Wörter gelernt. Du hast dabei vielleicht festgestellt, dass viele Wörter in anderen Sprachen ähnlich lauten. Deine Kenntnisse aus anderen Sprachen können dir also beim Lernen der neuen spanischen Wörter helfen!

ROMANISCHE SPRACHEN

Spanisch ist eine romanische Sprache. Sie stammt vom Lateinischen ab – genau wie das Italienische, Französische und Portugiesische. Deshalb gibt es zwischen diesen Sprachen viele Parallelen. Insgesamt gibt es etwa 15 romanische Sprachen.

Lösungen

1. 1. C, 2. A, 3. E, 4. B, 5. G, 6. H, 7. F, 8. D
2. hola, me llamo, qué tal, bien, bienvenido
7. el chico, los chicos, un chico, unos chicos / la melodía, las melodías, una melodía, unas melodías / el helado, los helados, un helado, unos helados / la bebida, las bebidas, una bebida, unas bebidas
8. 1. San Sebastián, País Vasco / 2. Sevilla, Andalucía / 3. Valencia, Valencia / 4. Ciudad de Ibiza, Islas Baleares

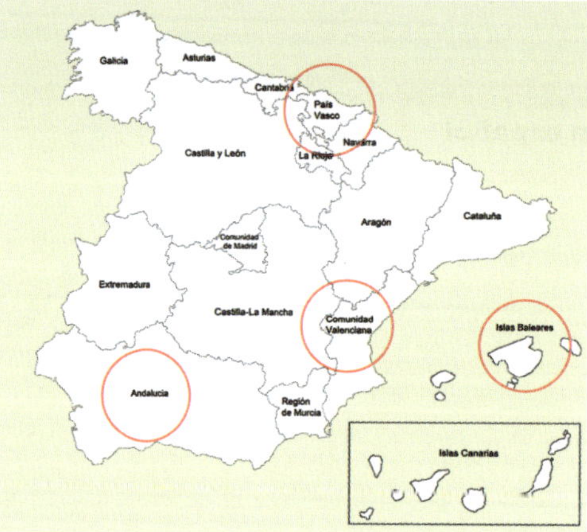

9. ☺: muy bien, bien, fenomenal, genial, de maravilla, estupendo, fantástico, excelente
😐: regular
☹: mal, fatal

Transkriptionen

TR. 2

• ¡Hola! Bienvenido a España. ¿Qué tal?	*Hallo! Willkommen in Spanien. Wie geht's?*
• Estoy bien, gracias. ¿Y tú?	*Mir geht's gut, danke. Und dir?*
• Estoy fenomenal. ¿Cómo te llamas?	*Mir geht es supergut. Wie heißt du?*
• Me llamo Philipp.	*Ich heiße Lisa.*
• Encantada, Philipp.	*Freut mich, Lisa.*
• ¡Hola! ¿Cómo estás?	*Hallo! Wie geht's?*
• Estoy muy bien, gracias. ¿Y tú?	*Mir geht's gut, danke. Und dir?*
• Fantástico. ¿Cómo te llamas?	*Fantastisch. Wie heißt du?*
• Me llamo Lisa.	*Ich heiße Lisa.*
• Mucho gusto, Lisa. Yo me llamo Javier.	*Freut mich sehr, Lisa. Ich heiße Javier.*

TR. 5

1. ¡Hola! Me llamo Arantxa y soy de San Sebastián.	*Hallo! Ich heiße Arantxa und ich komme aus San Sebastián.*
La ciudad está en el norte de España, en la Comunidad Autónoma del País Vasco.	*Die Stadt liegt im Norden von Spanien, im Baskenland.*
¿Cómo te llamas?	*Wie heißt du?*
2. Hola, ¿qué tal?	*Hallo, wie geht's?*
Me llamo Enrique y soy de Sevilla.	*Ich heiße Enrique und komme aus Sevilla.*
La ciudad está en el sur de España, en Andalucía.	*Die Stadt liegt im Süden von Spanien, in Andalusien.*
¿Cómo te llamas?	*Wie heißt du?*
3. Buenos días...	*Guten Tag...*
Me llamo Sara y soy de Valencia. La Comunidad Autónoma se llama Valencia.	*Ich heiße Sara und komme aus Valencia. Die Comunidad Autónoma heißt Valencia.*
¿Cómo te llamas?	*Wie heißt du?*
4. Buenas tardes.	*Guten Abend.*
Me llamo Carles y soy de la Ciudad de Ibiza. Ibiza es una isla y está en las Islas Baleares.	*Ich heiße Carles und komme aus Ibiza-Stadt. Ibiza ist eine Insel und liegt auf den Balearischen Inseln.*
¿Cómo te llamas?	*Wie heißt du?*

Lektionswortschatz

bienvenidos a	*willkommen in*
España	*Spanien*
Alemania	*Deutschland*
¡Hola!	*Hallo!*
el español	*Spanisch*
la lengua	*Sprache*
la calle	*Straße*
la plaza	*Platz*
el monumento	*Denkmal*
la escuela	*Schule*
la cerveza	*Bier*
el café	*Kaffee*
el sol	*Sonne*
la playa	*Strand*
el/la turista	*Tourist/in*
la ruta	*Route*
el mapa	*Stadtplan*
el/la amigo/a	*Freund/in*
el hotel	*Hotel*
bailar	*tanzen*
hablar	*sprechen*
¿Qué tal?/¿Cómo estás?	*Wie geht es dir?*
Estoy bien.	*Mir geht's gut.*
gracias	*danke*
y	*und*
tú	*du, dir*
Estoy fenomenal / fantástico.	*Mir geht es supergut / fantastisch.*
¿Cómo te llamas?	*Wie heißt du?*
me llamo	*ich heiße*
Encantado/a. / Mucho gusto.	*Freut mich. / Sehr erfreut.*
el centro	*Zentrum*
el/la compañero/a	*Begleiter, Kumpel*
el vocabulario	*Vokabeln*
la ciudad	*Stadt*
el parque	*Park*
el chico	*Junge*
la chica	*Mädchen*
la melodía	*Melodie*
el helado	*Eis*
la bebida	*Getränk*
grande	*groß*
sal y pimienta	*Salz und Pfeffer*
el perejil	*Petersilie*
soy de	*ich komme aus*
¿De dónde eres?	*Woher kommst du?*
está en el norte	*das liegt im Norden*
el sur	*Süden*
Buenos días.	*Guten Tag.*
Buenas tardes.	*Guten Abend.*
la isla	*Insel*
las Islas Baleares	*Balearische Inseln*
muy bien	*sehr gut*
genial	*genial, sehr gut*
de maravilla	*wunderbar*
estupendo	*toll*
excelente	*hervorragend*
regular	*okay, in Ordnung*
mal	*schlecht*
fatal	*fatal*
mi vida	*mein Leben*
la puerta	*Tür*
la foto	*Foto*

¡Buenos días, amigos!

HALLO FREUNDE!

Du planst eine Reise nach Spanien und möchtest in der Lage sein, dich auf Spanisch vorzustellen und andere zu fragen, wer sie sind? Dann bist du in dieser Lektion genau richtig. Überlege, welche der folgenden Wörter dir bekannt vorkommen: Klingen sie in anderen Sprachen ähnlich oder verbindest du Erinnerungen mit ihnen?

hören
Tr. 6

el saludo
Begrüßung

el nombre
Name

alemán/alemana
deutsch

suizo/suiza
schweizerisch

austríaco/a
österreichisch

el país de origen
Herkunftsland

el/la novio/a
feste/r Freund/in

el/la colega
Kollege/Kollegin

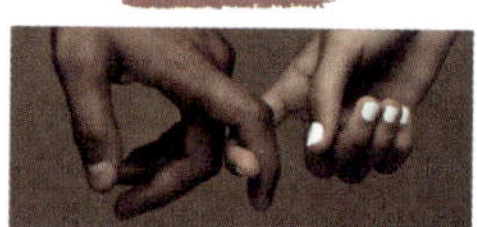

la relación
Beziehung

la profesión
Beruf

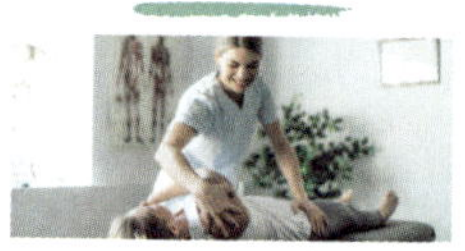

el/la fisioterapeuta
Physiotherapeut/in

el/la diseñador/a
Gestalter/in

el/la médico/a
Arzt/Ärztin

el/la periodista
Journalist/in

el/la biólogo/a
Biologe/Biologin

el/la fotógrafo/a
Fotograf/in

el/la piloto
Pilot/in

el/la autor/a
Autor/in

el/la profesor/a
Lehrer/in

el/la recepcionista
Rezeptionist/in

Tr. 7

- Buenos días y bienvenida al club Isla Mallorca. ¿Cómo se llama usted?
- ◎ Me llamo Anna Mann.
- Encantado, Anna.
- ◎ ¿Es usted el recepcionista?
- No, no soy el recepcionista. Yo soy Antonio, el fisioterapeuta del club.
- ◎ ¡Ah! Perfecto. Paul y yo necesitamos fisioterapia.
- ¿Quién es Paul?
- ◎ Es de Alemania también. Somos amigos y colegas.
- Muy bien, ¿les interesa la fisioterapia? Es mañana aquí en el club.
- ◎ Claro, nos interesa mucho. ¡Entonces hasta mañana!

1 Kannst du dir die Bedeutung der folgenden Wörter aus dem Dialog erschließen? Ordne sie in die passende Kategorie ein.

* fisioterapeuta * recepcionista * hasta mañana * buenos días * amigos * colegas

Profesiones *Berufe*	**Saludos** *Begrüßungen*	**Relaciones** *Beziehungen*

2 Ergänze die passenden Informationen aus dem Dialog und notiere die deutsche Übersetzung daneben.

1. Me llamo ______ . *Ich* ______ .
2. Soy el ______ del club. *Ich* ______ .
3. Paul es de ______ también. *Paul* ______ .
4. Paul y Anna son ______ . *Paul und Anna* ______ .

3 ¡Buenos días, chicos!

hören
Tr. 8

Hallo Leute!
Mit den Begrüßungen oben beginnst du zu jeder Tageszeit sicher ein Gespräch! Höre zu und sprich nach.

EL DÍA – DER TAG

Mit **¡Buenos días!** begrüßt man sich bis zur Mittagessenszeit. Für Nachmittag und Abend gibt es auf Spanisch nur ein Wort: **la tarde**. Zu dieser Tageszeit begrüßt man sich mit **¡Buenas tardes!** Wenn es dunkel wird, ist **¡Buenas noches!** die richtige Begrüßung. Alle drei Begrüßungen können auch als Verabschiedung verwendet werden.

Saludos *(Begrüßungen)*	**Despedidas** *(Verabschiedungen)*
Buenos días ➡ *Guten Tag*	Adiós ➡ *Tschüss, auf Wiedersehen*
Buenas tardes ➡ *Guten Tag/Abend*	Hasta luego ➡ *Bis später*
Buenas noches ➡ *Gute Nacht*	Hasta entonces ➡ *Bis dann*
Hola ➡ *Hallo*	Nos vemos ➡ *Wir sehen uns*

4

Begrüßungen, Verabschiedungen oder beides: Wozu kannst du diese Ausdrücke verwenden?

Adiós, nos vemos.

Chao, hasta pronto, Sara.

Hola, ¿cómo estás?

Buenas noches, Javier.

Buenas tardes, amigos.

Hola, buenos días, Ana.

Hasta mañana, buenas noches.

Saludo *Begrüßung*	**Despedida** *Verabschiedung*	**Saludo o despedida** *beides*

Die Personalpronomen

yo *ich*	**nosotros/as** *wir*
tú *du*	**vosotros/as** *ihr*
él/ella/usted *er/sie/Sie*	**ellos/as/ustedes** *sie/Sie*

Bei **nosotros** und **vosotros** wird die Endung **-os** für männliche Personen benutzt, **-as** für weibliche Personen. Gemischte Gruppen übernehmen die männliche Form! In informellen Kontexten können das **a** und das **o** durch ein @ ersetzt werden, z.B: **nosotr@s**.

Achtung: Du solltest wissen, dass die Personalpronomen im Spanischen nicht immer das Verb begleiten , sondern meistens weggelassen werden: **Soy Anna**. *Ich bin Anna.* Sie werden aber genannt, wenn zwei Personen gegenüber gestellt werden: **Él es Paul, yo soy Anna.** *Er ist Paul, ich bin Anna.*

Die Verben ser (*sein*) und llamarse (*heißen*)

Um zu beschreiben, wer du bist und woher du kommst, kannst du die beiden Verben **ser** *(sein, kommen aus)* und **llamarse** *(heißen)* verwenden:
Marta es periodista. *Marta ist Journalistin.* **Es de Perú.** *Sie kommt aus Peru.*
Yo soy de México. *Ich komme aus Mexiko.* **Me llamo Juan.** *Ich heiße Juan.*

	ser	llamarse
yo	**soy**	**me llamo**
tú	**eres**	**te llamas**
él/ella/usted	**es**	**se llama**
nosotros/as	**somos**	**nos llamamos**
vosotros/as	**sois**	**os llamáis**
ellos/as/ustedes	**son**	**se llaman**

5 Findest du die falschen Verbformen? Streiche sie durch und korrigiere.

1. Marta soy de Perú.
2. Ella te llamas Maribel.
3. ¿Vosotros son de México?
4. Ellas eres de México.
5. ¿Tú me llamo Paul?
6. Ella son profesora.
7. Yo es fisioterapeuta.
8. Ellos te llamas Paul y Anna.

REZEPT

Alioli sin huevo

AIOLI OHNE EI

Schmecken

Das Wort **Alioli** kommt aus dem Katalanischen **all** *(Knoblauch)* und **oli** *(Öl)*, welche die zwei Hauptzutaten der leckeren mediterranen Sauce sind. **Alioli** (auf Deutsch sagt man *Aioli*) wird überall in Spanien gegessen und es gibt viele Varianten: Mit oder ohne Ei, fest oder flüssiger, als Dip oder als Gratin. Die Sauce ist sehr lecker und passt gut zu vielen Gerichten, z.B. Brot, Fleisch, Fisch und Gemüse.

Zutaten / Ingredientes:

3 dientes de ajo / *3 Knoblauchzehen* - **1** pizca de sal / *1 Prise Salz* - **100 ml** de leche / *100 ml Milch* - **250 ml** de aceite de girasol (a temperatura ambiente) / *Sonnenblumenöl (Raumtemperatur)*

1. Knoblauchzehen schälen und mit Salz und Milch in das Gefäß geben.
2. Mit dem Stabmixer schaumig aufschlagen, bis die Mischung luftig wird.
3. Das Öl auf Raumtemperatur sehr langsam und ohne aufzuhören unterrühren.
4. Geduldig langsam weiterrühren, bis die Sauce cremig wird.

el ajo *Knoblauch*
la sal *Salz*
la leche *Milch*
el aceite de girasol *Sonnenblumenöl*

Küchengeräte

Du brauchst ein hohes, schmales Gefäß und einen Stabmixer, um Aioli zubereiten zu können. Achte darauf, dass die Geräte komplett trocken sind, damit die Sauce eine cremige Konsistenz erreicht.

6 riechen sprechen

Bilde zuerst sinnvolle Sätze, lies danach die Sätze laut vor, schließ die Augen und versuche die Sätze „zu riechen", indem du dir einen konkreten Geruch für jeden Satz vorstellst.

1. El ajo ✶ los ingredientes *(Zutaten)* principales. ✶ el aceite ✶ son ✶ y

____

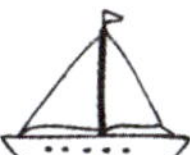

2. Las gambas con alioli ✶ muy ricas ✶ son

____

3. un aperitivo ✶ los restaurantes de Mallorca. ✶ El alioli ✶ es ✶ en

____

BEGRÜßUNG MIT AIOLI

In mallorquinischen Restaurants bekommt man Brot in einer kleinen Schale mit selbstgemachtem Aioli und Oliven dazu als Begrüßung serviert. Dieser traditionelle Dip schmeckt so lecker, dass man oft, wenn das bestellte Essen kommt, schon fast satt ist. Selbstverständlich wird dieser kleine Appetizer nicht berechnet.

MIT ODER OHNE EI

Am besten schmeckt das selbstgemachte Aioli. Die Variante ohne Ei hält bis zur einer Woche lang im Kühlschrank. Aioli mit Ei solltest du allerdings noch am selben Tag essen. Achte darauf, dass die Eier sehr frisch sind. Du kannst Aioli auch als Gratin (im Backofen) für Kartoffeln und andere Gerichte benutzen.

7 Wiederhole noch einmal die Formen von **ser** und setze sie in die Sätze ein.

Juan y Marta ________ de México.

Vosotros ________ voluntarios.

Él ________ entrenador de fútbol.

Yo ____ de Ulm.

soy ✶ eres ✶ es ✶ somos ✶ sois ✶ son

Marta, ¿tú ____ de México?

Ella ________ periodista.

Ellas ________ empleadas del hotel.

María y yo ________ fotógrafas.

8

hören

Tr. 9

Erst die Arbeit, dann das Vergnügen! Anna und Paul sind auch auf Mallorca, um an einem Volunteer-Kongress teilzunehmen. Dort treffen sie auf Juan und Marta, die sich ihnen vorstellen. Höre Juan zu und stelle dann auch Anna und Paul vor.

¡Hola! Me llamo Juan y soy de México. Soy biólogo y fotógrafo y trabajo para una revista científica de México.	*Hallo. Ich heiße Juan und komme aus Mexiko. Ich bin Biologe und Fotograf und arbeite für eine mexikanische Wissenschaftszeitschrift.*
Te presento a mi colega Marta.	*Ich stelle dir meine Kollegin Marta vor.*
Ella es de Perú pero vive en México.	*Sie ist aus Peru, wohnt aber in Mexiko.*
Marta es periodista y trabaja también para la revista.	*Marta ist Journalistin und arbeitet auch für die Zeitschrift.*
Marta y yo somos voluntarios de Greenpeace.	*Marta und ich sind Freiwillige bei Greenpeace.*
¿Quién eres tú? ¿Quién es tu colega?	*Wer bist du? Wer ist dein/e Kollege/in?*

Anna:	Mein Kollege Paul:
Hola! Me llamo Anna...	Él es mi...

9

riechen

Wenn du mit Übung 8 fertig bist, sprich deine geschriebenen Sätze laut vor dich her, während du an der Duftkarte dieses Buchs riechst. Das starke Aroma hilft dir, deine Kenntnisse zu festigen!

10

fühlen

¿Quién eres tú y quiénes son tus amigos? *Wer bist du und wer sind deine Freunde?* Du kannst auf Spanisch schon über die Herkunft, den Wohn- und Arbeitsort und den Beruf von Personen sprechen. Suche nun ein Gruppenfoto mit deinen Freunden heraus, klebe es auf ein leeres Blatt Papier und beschrifte es mit Pfeilen. Beschreibe dich und deine Freunde möglichst detailliert: Wie heißen sie, wo kommen sie her, wo leben sie und was machen sie beruflich?

Se llama Larissa, es de Zúrich y trabaja como...

Es Mario, vive en...

No es de aquí, es de...

Lösungen

1. profesiones: recepcionista, fisioterapeuta
saludos: buenos días, hasta mañana
relaciones: amigos, colegas.
2. 1. Ich heiße Anna Mann.
2. Ich bin der Physiotherapeut des Clubs.
3. Paul kommt auch aus Deutschland.
4. Paul und Anna sind Freunde und Kollegen (amigos y colegas).
4. saludo: Hola, ¿cómo estás?
Hola, buenos días, Ana
despedida: Adiós, nos vemos.
Chao, hasta pronto, Sara.
Hasta mañana, buenas noches.
saludo o despedida: Buenas noches, Javier.
Buenas tardes, amigos.
5. 1. Marta es de Perú.
2. Ella se llama Maribel.
3. ¿Vosotros sois de México?
4. Ellas son de México.
5. ¿Tú te llamas Paul?
6. Ella es profesora.
7. Yo soy fisioterapeuta.
8. Ellos se llaman Paul y Anna.
6. 1. El ajo y el aceite son los ingredientes principales.
2. Las gambas con aioli son muy ricas.
3. El alioli es un aperitivo en los restaurantes de Mallorca.
7. Juan y Marta son de México. / Vosotros sois voluntarios. / Él es entrenador de fútbol. / Yo soy de Ulm. / Marta, ¿tú eres de México? / Ella es periodista. / Ellas son empleadas del hotel. / María y yo somos fotógrafas.

Transkriptionen

TR.7

• Buenos días y bienvenido al club Isla Mallorca. ¿Cómo se llama usted?	*Herzlich willkommen im Club Isla Mallorca. Wie heißen Sie?*
• Me llamo Anna Mann.	*Ich heiße Anna Mann.*
• Encantado, Anna.	*Freut mich, Anna.*
• ¿Es usted el recepcionista?	*Sind Sie der Rezeptionist?*
• No, no soy el recepcionista. Yo soy Antonio, el fisioterapeuta del club.	*Nein, ich bin nicht der Rezeptionist. Ich bin Antonio, der Physiotherapeut des Clubs.*
• ¡Ah! Perfecto. Paul y yo necesitamos fisioterapia.	*Ah, perfekt. Paul und ich brauchen Physiotherapie.*
• ¿Quién es Paul?	*Wer ist Paul?*
• Es de Alemania también. Somos amigos y colegas.	*Er kommt auch aus Deutschland. Wir sind Freunde und Kollegen.*
• Muy bien, ¿les interesa la fisioterapia? Es mañana aquí en el club.	*Sehr gut. Sind Sie an Physiotherapie interessiert? Sie findet morgen hier im Club statt.*
• Claro, nos interesa mucho. ¡Entonces hasta mañana!	*Klar, wir sind sehr interessiert. Dann bis morgen!*

Lektionswortschatz

los chicos	*Leute (ugs.)*
el saludo	*Begrüßung*
el nombre	*Name*
alemán/ana	*deutsch*
suizo/a	*schweizerisch*
austríaco/a	*österreichisch*
el país de origen	*Heimatland*
el/la novio/a	*feste/r Freund/in*
el/la colega	*Kollege/in*
la relación	*Beziehung*
la profesión	*Beruf*
el/la fisioterapeuta	*Physiotherapeut/in*
el/la diseñador/a	*Gestalter/in*
el/la médico/a	*Arzt/Ärztin*
el/la periodista	*Journalist*
el/la biólogo/a	*Biologe/Biologin*
el/la fotógrafo/a	*Fotograf/in*
el/la piloto	*Pilot/in*
el/la autor/a	*Autor/in*
el/la profesor/a	*Lehrer/in*
el/la recepcionista	*Rezeptionist/in*
bienvenido	*willkommen*
¿Cómo se llama usted?	*Wie heißen Sie?*
me llamo/llamarse	*ich heiße/heißen*
no	*nicht*
perfecto	*perfekt*
el club	*Verein, Club*
necesitamos	*wir brauchen*
también	*auch*
¿Les interesa...?	*Interessieren Sie sich für ...?*
mañana	*morgen*
aquí	*hier*
en	*in*
claro	*klar*
nos interesa	*uns interessiert*
mucho	*sehr*
hasta mañana	*bis morgen*
buenas noches	*gute Nacht*
adiós	*tschüss, auf Wiedersehen*
hasta luego	*bis später*
hasta entonces	*bis dann*
nos vemos	*wir sehen uns*
la tarde	*Nachmittag*
hasta pronto	*bis bald*
la despedida	*Verabschiedung*
ser	*sein*
la leche	*Milch*
el ajo	*Knoblauch*
el aceite de girasol	*Sonnenblumenöl*
la sal	*Salz*
los ingredientes	*Zutaten*
principal	*hauptsächlich*
el Mediterráneo	*Mittelmeer*
el aperitivo	*Aperitiv/Vorspeise*
el restaurante	*Restaurant*
el/la voluntario/a	*Freiwillige/r*
el/la entrenador/a	*Trainer/in*
el/la empleado/a	*Angestellte/r*
para	*für*
la revista	*Zeitschrift*
científico	*Wissenschaftler/in*
te presento a...	*ich stelle dir ... vor*
mi	*mein*
pero	*aber*
quién/es	*wer (Sg./Pl.)*

Así soy yo

SO BIN ICH

sehen

Wie bist du und wie sind die Menschen in deiner Umgebung? Persönliche Eigenschaften machen uns und unsere Freunde besonders und helfen uns, andere Menschen zu beschreiben. Höre dir zuerst die Wörter an und sprich sie nach, während du die Bilder anschaust. Visualisiere dann Menschen aus deinem eigenen Leben, auf die diese Merkmale zutreffen.

hören
Tr. 10

el/la adolescente
Jugendliche/r

el/la adulto/a
Erwachsene/r

el/la niño/a
Junge/Mädchen

el bebé
Baby

la mujer
Frau

el hombre
Mann

el lunar
Sommersprosse

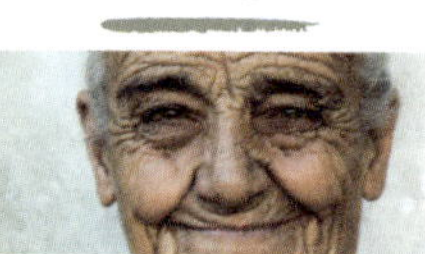

la arruga
Falte

la calva
Glatze

el bigote
Schnurrbart

joven
jung

mayor
alt

moreno/a
dunkelhaarig

rubio/a
blond

pelirrojo/a
rothaarig

alto/a
groß

bajo/a
klein

elegante
elegant

gordo/a
dick

delgado/a
dünn

Tr. 11

- Mira, esta foto es de la noche pasada.
- ¡Qué bonita! Parece una noche divertida.
- Sí, nos reímos mucho.
- ¿Y quiénes son estas personas en la foto?
- Son mis amigas de la clase de baile.
- Conozco a estas dos mujeres. Pero... ¿quién es este hombre alto y moreno?
- Es mi nuevo novio. Lo conozco desde hace unos meses.
- Ah, ¿sí?, ¿y cómo es? ¡Cuéntame!
- Es muy amable e inteligente.
- ¡Y es guapo!
- Claro, ¡guapo también!

1 Höre dir den Dialog an und entscheide, welche der folgenden Aussagen richtig (**correcto**) oder falsch (**falso**) sind.

hören

Tr. 11

	correcto	falso
1. La situación en la foto es positiva.	○	○
2. Las personas en la foto son unas colegas.	○	○
3. Hay varias mujeres y un hombre.	○	○
4. El hombre es alto y moreno.	○	○
5. El hombre es un amigo, no es el novio.	○	○
6. El hombre es amable, inteligente y guapo.	○	○

2 Welche Person wird im Dialog am ehesten beschrieben? Kreuze das Foto an.

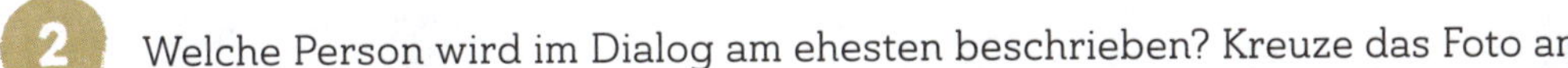

3 Wir Menschen sind so vielseitig! Ordne die folgenden Eigenschaften in die richtige Kategorie ein und notiere jeweils gegensätzliche Begriffe nebeneinander.

introvertido ⁎ **delgado** ⁎ **irrespetuoso** *(respektlos)* ⁎ **rubio** ⁎ **alto** ⁎ **extrovertido** ⁎ **gordo** ⁎ **feo** *(hässlich)* ⁎ **guapo** ⁎ **bajo** ⁎ **respetuoso** ⁎ **inteligente** ⁎ **rubio** ⁎ **caótico** ⁎ **divertido** *(lustig, unterhaltsam)* ⁎ **tonto** *(dumm)* ⁎ **amable** *(nett)* ⁎ **maleducado** *(unhöflich)* ⁎ **organizado** ⁎ **aburrido** *(langweilig)* ⁎ **joven** ⁎ **mayor** ⁎ **moreno**

Aspecto físico *Aussehen*	**Rasgos característicos** *Charaktereigenschaften*

4 **¿Quién es cómo?** *Wer ist wie?* Welche dieser drei berühmten spanischsprachigen Persönlichkeiten wird jeweils beschrieben? Höre zu und notiere 1, 2 oder 3 am passenden Bild.

sehen

hören

Tr. 12

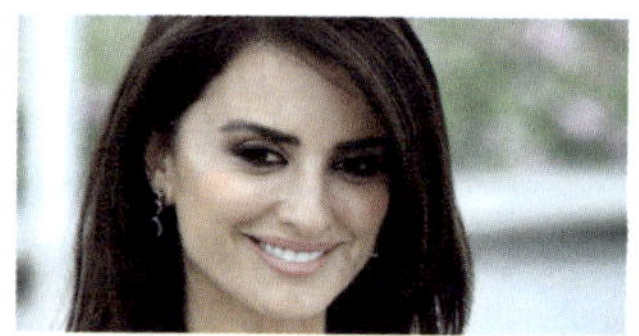

___ **A** Shakira ___ **B** Javier Bardem ___ **C** Penélope Cruz

5 Wie sind die Menschen in deinem Leben? Denke an deine besten Freunde und notiere ihre Eigenschaften. Weitere Begriffe dazu findest du unten. Achtung: Wenn du eine Frau beschreibst, erhalten Adjektive mit **-o** die Endung **-a**:
Él es atractivo y simpático. / Ella es atractiva y simpática.

elegante ⁎ **atractivo** ⁎ **simpático** ⁎ **sonriente** *(strahlend, fröhlich)* ⁎ **listo** *(schlau)* ⁎ **cariñoso** *(zärtlich)* ⁎ **fuerte** *(stark)* ⁎ **valiente** *(mutig)* ⁎ **abierto** *(offen)* ⁎ **serio** *(ernst)*

Das Präsens der Verben auf Spanisch

Das Präsens im Spanischen verwendest du für Fakten und Ereignisse in der Gegenwart sowie für Handlungen, die regelmäßig stattfinden. Die Verben sind je nach ihren Endungen in drei Gruppen aufgeteilt und bilden so ihre Präsensformen:

	-AR **trabajar**	-ER **comer**	-IR **vivir**
yo	**trabajo**	**como**	**vivo**
tú	**trabajas**	**comes**	**vives**
él/ella/usted	**trabaja**	**come**	**vive**
nosotros/as	**trabajamos**	**comemos**	**vivimos**
vosotros/as	**trabajáis**	**coméis**	**vivís**
ellos/as/ustedes	**trabajan**	**comen**	**viven**

6 fühlen sprechen

Nimm zwei Spielwürfel mit sechs Seiten und übe die Verbformen. Die Augenzahl des ersten Würfels steht für die Person (1 = **yo**, 2 = **tú** usw.). Die Augenzahl des zweiten Würfels steht für die folgenden Verben: 1 = **trabajar**, 2 = **comer**, 3 = **vivir**, 4 = **bailar**, 5 = **hacer**, 6 = **escribir**.

7 **¿Qué hacen las estrellas famosas?** *Was machen die Stars und Sternchen?* Ergänze im Text die passenden Verbformen. Unbekannte Wörter findest du in der Wortliste dieser Lektion.

Shakira ______________ **1 (trabajar)** como cantante.

______________ **2 (cantar)** también en inglés y

______________ **3 (colaborar)** con otros cantantes como Gloria Estefan.

Javier Bardem ______________ **4 (saber)** muy bien actuar,

______________ **5 (aparecer)** en muchas películas españolas.

Su esposa Penélope Cruz y él ______________ **6 (vivir)** juntos.

¿La ______________ **7 (conocer, tú)** también? Los dos

______________ **8 (aparecer)** en la película *Vicky, Cristina, Barcelona*,

una película que ______________ **9 (tratar)** de amor y celos.

REZEPT

Tostadas con tomate y aceite

TOAST MIT TOMATEN UND OLIVENÖL

Schmecken

Die Tomate mag's sonnig und warm, deshalb gedeiht sie hervorragend im Süden Spaniens. Sie ist Protagonistin in diesem typisch spanischen Frühstück, das besonders gut mit einem frisch gepressten Orangensaft oder duftendem Kaffee schmeckt. Wer sich ein wenig südliches Flair auf den eigenen Küchentisch holen möchte, kann dieses Gericht einfach und schnell selbst zubereiten.

Zutaten / Ingredientes:

2 tomates / *2 Tomaten* – sal / *Salz* – aceite de oliva / *Olivenöl* – **1 barra** de pan blanco / *1 Stange Weißbrot*

1. Die Tomaten mit einer Reibe in kleine Stücke reiben, den Sud mit Salz und etwas Olivenöl abschmecken.
2. Das Brot in etwa 10 Zentimeter lange Stücke schneiden und toasten, sodass es gebräunt wird.
3. Das Brot dünn mit der Tomatenmischung bestreichen und mit ein paar Tropfen Olivenöl beträufeln.

el tomate *Tomate*
la barra *Stange*
el pan blanco *Weißbrot*

Tipps & Tricks

Dieses Gericht unterscheidet sich von der italienischen Bruschetta vor allem dadurch, dass das Brot mit einem Sud aus Tomaten bestrichen anstatt mit Stücken belegt wird. Um dies gut hinzukriegen, kannst du die Tomaten auch pürieren, anstatt sie zu reiben.

Varianten

Wenn du das getoastete Brot mit Knoblauch einreibst, erhält es eine besondere Extra-Note. Wer mehr Abwechslung will, kann das Brot mit **jamón serrano** (*Schinken*) und **salmón** (*Lachs*) belegen.

8 riechen schmecken

Gibt es Begriffe in dieser Wortschlange, die du mit einem besonderen Geschmack oder Gerüchen verbindest? Schreibe diese mit den passenden Artikeln (**el** oder **la**) auf und sprich sie dir laut vor, während du an einen Geschmack oder einen Geruch denkst.

PLIMAJOHOJAJAMÓNSERRANOAERCILSALMÓNOJORIOPAL

____

____

DUZEN ODER SIEZEN?

Wenn du in einem spanischen Café sitzt, fragst du dich vielleicht, ob du die anderen Menschen dort duzen oder siezen solltest. Generell duzt man in Spanien schneller als in Deutschland, allerdings kommt es auf den Kontext an. Den Kellner in einem einfachen Café könntest du duzen; wenn du allerdings in ein schickeres Restaurant gehst, solltest du dort eher siezen.

USTED UND VOSOTROS

Die deutsche Höflichkeitsform *Sie* hat auf Spanisch eine Singularform (**usted**) und eine Pluralform (**ustedes**). Allerdings wird in Teilen Andalusiens, auf den Kanarischen Inseln und in Lateinamerika die Form **ustedes** sowohl für das Duzen als auch für das Siezen benutzt und ersetzt damit das Personalpronomen **vosotros**, z.B: **¿Viven ustedes aquí?** *Wohnt ihr / Wohnen Sie hier?*

9 Duzen oder Siezen? Markiere die folgenden Sätze und Fragen mit einem T (**tú**) oder einem U (**usted**).

¿Tienes un nuevo novio?

¿Trabaja aquí en el restaurante?

¿Un café para usted?

¿Cómo se llama?

¡Eres muy simpático!

¿Viven aquí?

¿Qué comes hoy?

¡No eres aburrido!

¿Con quién vive?

10 Dich interessieren andere Menschen? Mit den folgenden Fragen kannst du wichtige Informationen über sie herausfinden. Höre dir die Fragen mehrmals an und sprich sie nach.

hören

Tr. 13

¿Quién es?	*Wer ist er/sie?*
¿Cómo es?	*Wie ist er/sie?*
¿De dónde es?	*Woher kommt er/sie?*
¿Dónde vive?	*Wo lebt er/sie?*
¿Cuántos años tiene?	*Wie alt ist er/sie?*
¿De qué trabaja?	*Als was arbeitet er/sie?*
¿Cuándo lo/la ves?	*Wann siehst du ihn/sie?*

FRAGEWÖRTER

Die Fragewörter werden immer mit einem Akzent auf dem betonten Vokal geschrieben, z. B. **qué**, **cómo** und **dónde**. Anders als auf Deutsch werden Frage- und Ausrufezeichen sowohl am Anfang (**¿**/**¡**) als auch am Ende (**?**/**!**) des Satzes gesetzt.

11 Finde die Fragepronomen in der Wortschlange und umkreise sie!

PESDÓNDEERQUIÉNDULECUÁNDONICERÍAQUÉSEACÓMOÍA

12 Was könnte dein Gesprächspartner antworten? Ordne den Fragen die passenden Antworten zu.

1. ¿Quiénes sois?	___ **A** Soy de Alemania.
2. ¿Cuándo es la clase de yoga?	___ **B** Somos empleados del hotel.
3. ¿Cómo se llama?	___ **C** Es mañana.
4. ¿Dónde trabajas?	___ **D** Tengo 38 años.
5. ¿Cuántos años tienes?	___ **E** Se llama Maribel.
6. ¿De dónde eres?	___ **F** Trabajo en el club.

fühlen

Bastel dir ein Buddy-Book! Dieses kleine Büchlein mit acht Seiten lässt sich aus einem leeren Blatt DIN A4-Papier ganz einfach selbst herstellen. Du kannst auf jeder neuen Seite den gelernten Wortschatz zu einem Thema notieren.

Erstelle nun ein Buddy-Book zum Kennenlernen auf Spanisch. Gestalte dazu verschiedene Seiten zu diesen Themen:

- Begrüßungen und Smalltalk
- Basisinformationen über eine Person (Name, Herkunft, Wohnort)
- Berufe
- Aussehen
- Charaktereigenschaften

Später kannst du noch weitere Seiten füllen, zum Beispiel, wenn es um Hobbys oder Reiseinteressen geht.

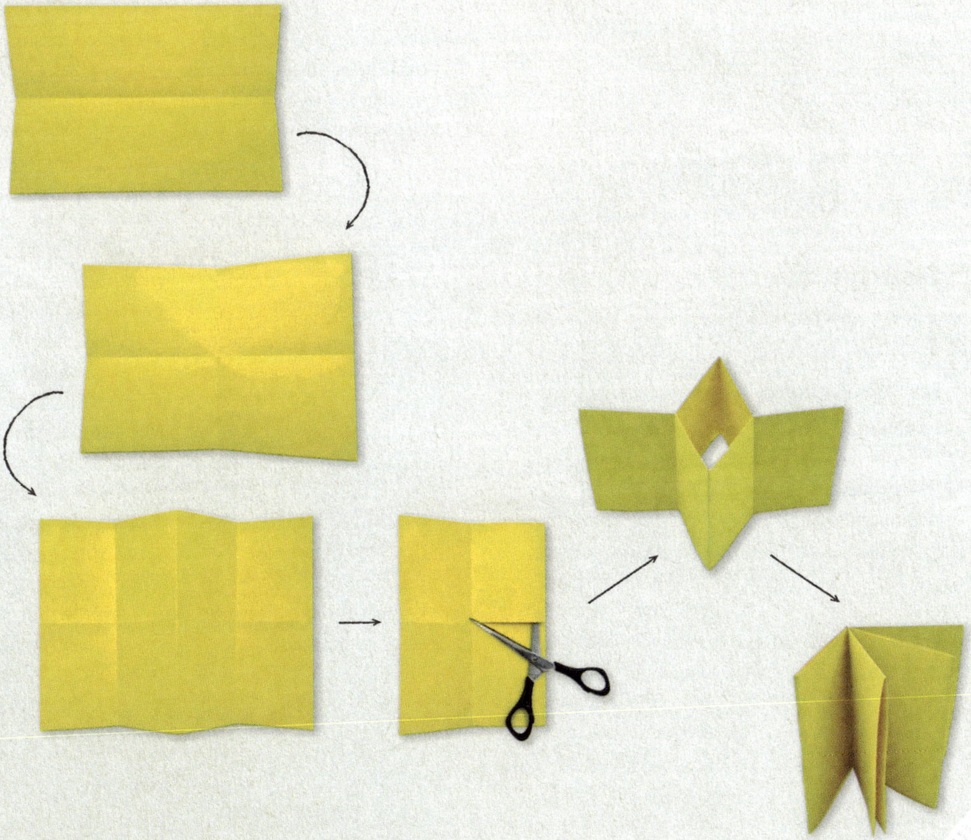

Lösungen

1. 1. correcto, 2. falso, 3. correcto, 4. correcto, 5. falso, 6. correcto
2. richtig: das letzte Foto
3. Aspecto físico: delgado-gordo, rubio-moreno, alto-bajo, feo-guapo, joven-mayor
Rasgos caraterísticos: introvertido-extrovertido, irrespetuoso-respetuoso, inteligente-tonto, maleducado-amable, caótico-organizado, divertido-aburrido
4. 2. A, 3. B, 1. C
7. 1. trabaja, 2. canta, 3. colabora, 4. sabe, 5. aparece, 6. viven, 7. conoces, 8. aparecen, 9. trata
8. el ajo, el jamón serrano, el salmón
9. T: ¿Tienes un nuevo novio?
¡Eres muy simpático! ¿Qué comes hoy?
¡No eres aburrido!
U: ¿Trabaja aquí en el restaurante?
¿Un café para usted? ¿Cómo se llama?
¿Viven aquí? ¿Con quién vive?
11. dónde, quién, cuándo, qué, cómo
12. 1. B, 2. C, 3. E, 4. F, 5. D, 6. A

Transkriptionen

TR.11

• Mira, esta foto es de la noche pasada.	*Schau mal, dieses Foto ist von gestern Abend.*
• ¡Qué bonita! Parece una noche divertida.	*Wie schön! Das war bestimmt ein lustiger Abend.*
• Sí, nos reímos mucho.	*Ja, wir haben viel gelacht.*
• ¿Y quiénes son estas personas en la foto?	*Und wer sind diese Leute auf dem Foto?*
• Son mis amigas de la clase de baile.	*Das sind meine Freundinnen vom Tanzen.*
• Sí, conozco a estas dos mujeres. Pero... ¿quién es este hombre alto y moreno?	*Ja, diese beiden Frauen kenne ich. Aber... wer ist dieser große, dunkelhaarige Mann?*
• Es mi nuevo novio. Lo conozco desde hace unos meses.	*Das ist mein neuer Freund. Ich kenne ihn seit ein paar Monaten.*
• Me alegro muchísimo por ti. ¿Y cómo es? ¡Cuéntame!	*Ich freue mich sehr für dich! Und wie ist er so? Erzähl mal!*
• Es muy amable e inteligente.	*Er ist sehr nett und intelligent.*
• ¡Y es guapo!	*Und er sieht gut aus!*
• Claro, ¡guapo también	*Ja klar, gut aussehend ist er auch!*

TR.12

1. Esta mujer es morena, muy guapa y delgada. Es una actriz famosa. Está en muchas películas. En la foto aparece muy simpática. Es una persona amable e interesante. Es de España y es la esposa de Javier Bardem.	*Diese Frau ist dunkelhaarig, sehr hübsch und schlank. Sie ist eine berühmte Schauspielerin. Sie taucht in vielen Filmen auf. Sie ist eine nette und interessante Person. Sie kommt aus Spanien und ist die Ehefrau von Javier Bardem.*
2. Esta cantante famosa es rubia y es guapa. Es más joven y es delgada y atractiva. Parece también muy simpática, divertida e interesante.	*Diese berühmte Sängerin ist blond und hübsch. Sie ist etwas jünger und ist schlank und attraktiv. Sie wirkt auch sehr sympathisch, lustig und interessant.*
3. Este hombre es un actor español que es de Las Palmas de Gran Canaria. Es un poco mayor. Es moreno y guapo. No es gordo, es delgado y alto.	*Dieser Mann ist ein spanischer Schauspieler, der aus Las Palmas de Gran Canaria kommt. Er ist ein wenig älter. Er ist dunkelhaarig und gutaussehend. Er ist nicht dick, er ist schlank und groß.*

Lektionswortschatz

así	*so*
el/la adolescente	*Jugendliche/r*
el/la adulto/a	*Erwachsene/r*
el/la niño	*Kind*
el bebé	*Baby*
la mujer	*Frau*
el hombre	*Mann*
el lunar	*Muttermal*
la arruga	*Falte*
la calva	*Glatze*
el bigote	*Schnurrbart*
joven	*jung*
mayor	*alt (bei Personen)*
moreno/a	*dunkelhaarig*
rubio/a	*blond*
pelirrojo/a	*rothaarig*
alto/a	*groß*
bajo/a	*klein*
elegante	*elegant*
gordo	*dick*
delgado	*dünn, schlank*
esta foto	*dieses Foto*
la noche	*Nacht, Abend*
pasado/a	*vergangene/r*
bonito/a	*schön, hübsch*
parecer	*scheinen, wirken*
divertido	*lustig, unterhaltsam*
nos reímos	*wir haben gelacht*
quienes	*wer (Pl.)*
la persona	*Person*
conocer (conozco)	*kennen*
nuevo/a	*neu*
desde hace	*seit (mit Zeitraum)*
desde	*seit (mit Zeitpunkt)*
¿Y cómo es?	*Und wie ist er?*
cuéntame	*erzähl mir*
amable	*nett*
e	*und (vor i)*
inteligente	*intelligent*
guapo/a	*hübsch*
hay	*es gibt/sind*
varios/as	*verschiedene*
el aspecto físico	*Aussehen*
los rasgos característicos	*Charakter-eigenschaften*
feo/a	*hässlich*
introvertido/a	*introvertiert*
extrovertido/a	*extrovertiert*
irrespetuoso/a	*respektlos*
tonto/a	*dumm*
maleducado/a	*unhöflich*
caótico	*chaotisch*
organizado/a	*organisiert*
aburrido/a	*langweilig*
ha escrito	*er/sie hat geschrieben*
el libro	*Buch*
muy	*sehr*
simpático/a	*sympathisch*
interesante	*interessant*
el/la cantante	*Sänger/in*
famoso/a	*berühmt*
atractivo/a	*attraktiv*
el actor / la actriz	*Schauspieler/in*
un poco	*ein wenig*
sonriente	*strahlend, fröhlich*
listo/a	*schlau*
cariñoso/a	*zärtlich*
fuerte	*stark*
valiente	*mutig*
abierto/a	*offen*
serio/a	*ernst*
trabajar	*arbeiten*
comer	*essen*
vivir	*leben*
hacer (hago)	*machen*
en inglés	*auf Englisch*
saber (sé)	*wissen, können*
aparecer	*erscheinen*
el/la esposo/a	*Ehemann/-frau*
juntos	*gemeinsam*
la película	*Film*
tratar de	*handeln von*
el amor	*Liebe*
los celos	*Eifersucht*
el tomate	*Tomate*
la barra	*Stange*
el pan blanco	*Weißbrot*
hoy	*heute*
con	*mit*
donde	*wo*
por qué	*warum*
querer (quiero)	*wollen*
de qué	*als was*
cuándo	*wann*
por qué	*warum*
estar	*estás*

Mi gente y yo

MEINE LEUTE UND ICH

Sehen Tr. 14

In der Vorweihnachtszeit duftet es schon nach Zimt und selbst gebackenen Plätzchen, aber dein Kalender ist voller Termine. Du nimmst dir ein paar Tage Urlaub, um Freunde auf den Kanaren zu besuchen. Dort ist es auch im Dezember warm, und die Atmosphäre ist gelassen. Schließ die Augen und stell dir vor, wie Weihnachten auf den Kanaren ist. Wie fühlst du dich, was kommt dir in den Kopf?

la familia
Familie

la gente
Leute

la pareja
Paar

el campo
Land

la casa
Haus

la mascota
Haustier

el perro
Hund

el gato
Katze

la Navidad
Weihnachten

la fiesta
Party

festejar
feiern

la comida
Essen

el turrón
Nougat

el postre
Nachtisch

la canela
Zimt

los dulces
Süßes

los regalos
Geschenke

la iglesia
Kirche

la decoración
Dekoration

la vela
Kerze

Tr. 15

- María, ¿celebras mañana la Navidad en casa de tu madre?
- ◎ No, la casa de mi madre es pequeña. Nosotros somos mucha gente y celebramos la Navidad en el campo, en la casa de mi abuelo. Él vive solo con su perro.
- Es verdad, tu familia es muy grande.
- ◎ Sí, tengo cuatro hermanos y muchos primos. ¿Con quién estás tú en Navidad?
- Como sabes, yo soy hijo único. Mañana somos dos, mi madre y yo. ¡Ah! y nuestra mascota también: el perro Bob.
- ◎ ¿Solo dos y el perro? Entonces, mañana celebráis la Navidad con nosotros. La casa de mi abuelo es muy grande y mi familia te aprecia mucho.
- Pero... la Navidad es una fiesta familiar.
- ◎ Así es, y mis amigos son también mi familia.
- ¡Qué bien! Entonces, nos vemos mañana. Llevo turrón para el postre.
- ◎ ¡Estupendo! Hasta mañana.

1 Entscheide mit Hilfe des Stammbaums, welche Möglichkeit richtig ist.

1. El hermano de mi madre es mi ________ (tío/padre).
2. El hijo de mis tíos es mi ________ (sobrino/primo).
3. La madre de mis primas es mi ________ (tía/abuela).
4. Los padres de mis padres son mis ________ (abuelos/tíos).

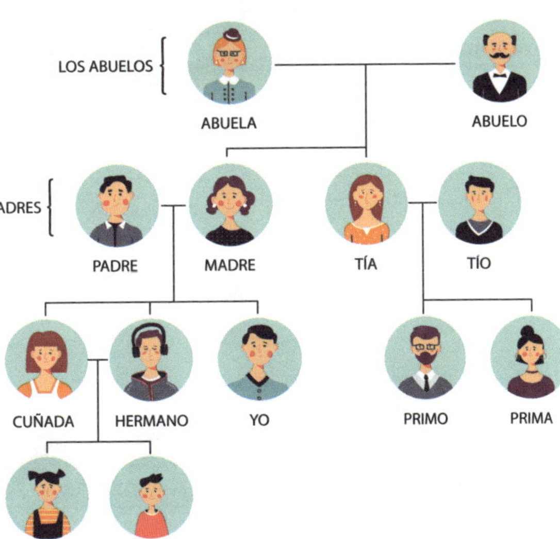

2

hören

Tr. 16

An Weihnachten herrscht eine ganz besondere Stimmung. Höre die verschiedenen Geräusche oder Szenen und ordne sie dem richtigen Satz zu, der die Situation beschreibt.

___ **A** ¡Feliz Navidad a toda la familia!
___ **B** Mi gato y tu perro son amigos.
___ **C** Los niños del jardín son mis primos.
___ **D** Nuestra casa del campo es un lugar relajante.
___ **E** ¿Están tus hermanos también en las fiestas del pueblo?.

3

¿Con quién celebras tú la Navidad? *Mit wem feierst du Weihnachten?* Beschreibe, wer (nicht) mit dir feiert: **Normalmente ... celebro la Navidad con...**

____

____

____

4

Maria freut sich, dass ihr Freund mit ihr und ihrer Familie Weihnachten feiern wird. Mit Hilfe von Bildern des Familienalbums zeigt sie ihm ein paar Familienmitglieder. Hilf Maria und umkreise die richtige Form. Lies davor die Grammatikerklärung auf der nächsten Seite.

1. Soy yo con **mi/nuestro** madre y con **nuestra/mis** hermanos.

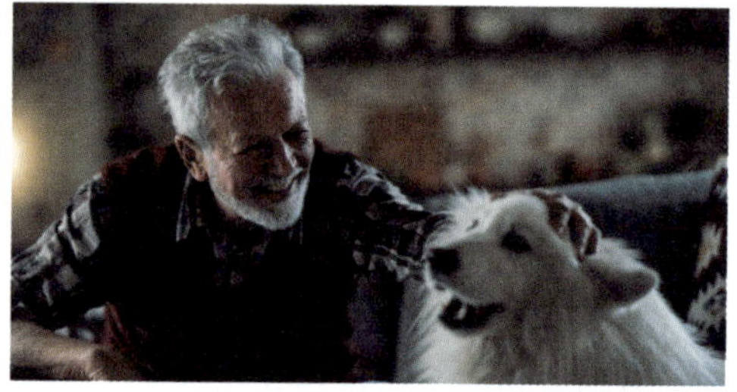

2. Aquí, **sus/mi** abuelo en **nuestro/nuestra** casa del campo con **nuestro/nuestros** perro.

3. **Mi/sus** padre con **tus/nuestro** gato.

4. Aquí **mis/tu** primos con **mis/sus** parejas.

Possessivbegleiter auf Spanisch

Die Possessivbegleiter richten sich im Spanischen nach dem folgenden Substantiv. Achte auf Numerus (Singular/Plural) und Geschlecht (männlich/weiblich) des Substantivs, um die passende Endung auszuwählen. Wie du unten sehen kannst, haben aber nur zwei Personen eine männliche und weibliche Endung.

Singular	Plural
mi **tu** **su** **nuestro/a** **vuestro/a** **su**	**mis** **tus** **sus** **nuestros/as** **vuestros/as** **sus**
Zum Beispiel: **mi amiga** *meine Freundin* **nuestra amiga** *unsere Freundin*	Zum Beispiel: **mis amigas** *meine Freundinnen* **nuestras amigas** *unsere Freundinnen*

5 Fülle die Lücken mit der richtigen Lösung.

1. ¿Celebran ______ hermanos la Navidad en Salamanca? (tus/nuestras/su)
2. No sé dónde celebran ______ primas. (mi/su/nuestras)
3. ¡(Mi/vuestra/sus) ______ abuelo siempre está con nosotros!

¡ES FÁCIL! DAS IST LEICHT!

Anhand von kleinen Sätzen oder Sprichwörtern lässt sich Grammatik leichter lernen. Für den Possessivbegleiter auf Spanisch kannst du dir zum Beispiel diese merken – vielleicht findest du noch mehr?

- **Mi casa es tu casa.**
- **Mis amigos son también mi familia.**

SEHEN UND LERNEN

Bist du ein Mensch, der sich Dinge am besten merken kann, wenn er sie sieht? Dann kannst du die Post-it-Methode ausprobieren: Schreibe ein paar Wörter für Gegenstände, die dir oder auch anderen Menschen gehören, mit den Possessivbegleitern auf einen Zettel und befestige diese dann am entsprechenden Gegenstand (**mis cosméticos, nuestra computadora** etc.). So lernst du Vokabeln und Grammatik ganz nebenbei.

REZEPT

Papas arrugadas con mojo picón

KANARISCHE KARTOFFELN MIT SCHARFER SOSSE

Schmecken

Dieses Traditionsgericht der kanarischen Inseln wird meist als Beilage und mit roter und grüner Soße gereicht. Für die verschrumpelten (**arrugadas**) und mit einer Salzschicht überzogenen Kartoffeln wird auf den Kanaren eigens eine spezielle Sorte Kartoffeln angebaut. Das Gericht klappt aber auch gut mit kleinen, festkochenden Kartoffeln aus Deutschland.

Zutaten / Ingredientes:

1 kg de patatas pequeñas y redondas / *1 kg runde, kleine Kartoffeln* – medio paquete de sal marina / *eine halbe Packung Meersalz* – **1** pimiento rojo / *1 rote Paprika* – **1 diente** de ajo / *1 Knoblauchzehe* – **1** chile / *1 Chilischote* – **1 chorrito** de balsámico blanco/ *1 Schuss weißer Balsamico* – aceite de oliva / *Olivenöl* – **1** pizca de sal / *1 Prise Salz*

1. Die ungeschälten Kartoffeln mit dem gesamten Meersalz und wenig Wasser bedecken und zum Kochen bringen. Die Kartoffeln ca. 20–25 Minuten kochen, bis sie gar sind. Den Topf danach für etwa eine halbe Stunde mit wenig oder keinem Wasser auf dem noch warmen Herd belassen. Die Kartoffeln erhalten dadurch ihr verschrumpeltes Aussehen und ihre weiße Kruste.
2. Für die Sauce die Paprika, die Knoblauchzehe, die Chilischote, den Balsamico und ein wenig Olivenöl in einen Pürierbecher geben und alles pürieren. Mit Salz abschmecken.

pequeño/a *klein*
redondo/a *rund*
el paquete de sal marina *Paket Meersalz*
el pimiento rojo *rote Paprika*
el diente de ajo *Knoblauchzehe*
el chile *Chilischote*
el chorrito de balsámico *Schuss Balsamico*
la pizca de sal *Prise Salz*

Du magst es nicht so scharf?

Als Alternative zur scharfen **mojo picón** kannst du die sogenannte **mojo verde** (grüne Soße) ganz einfach herstellen, indem du die Paprika und die Chilischote durch ein Bund Petersilie ersetzt.

Die Verben ser und estar

Du weißt bereits, dass du mit dem Verb **ser** über die Herkunft, den Beruf oder unveränderliche Eigenschaften von Personen sprechen kannst. Für veränderbare Eigenschaften oder Ortsangaben benutzt du hingegen das Verb **estar**.

estar	
estoy	➡ **Las patatas están calientes/frías.** *Die Kartoffeln sind heiß/kalt.*
estás	➡ **Ana está enamorada.** *Ana ist (gerade) verliebt.*
está	➡ **Las islas Canarias están en el océano Atlántico.** *Die kanarischen Inseln liegen/befinden sich im Atlantischen Ozean.*
estamos	
estáis	
están	

6 Sein oder nicht sein – das ist hier nicht die Frage, denn beide Verben können mit *sein* übersetzt werden! Entscheide, ob eine Form von **ser** oder **estar** in die Lücken gehört.

Ana ______________ 1 en Gran Canaria porque su novio ______________ 2 aquí también. Él ______________ 3 médico y ______________ 4 de Las Palmas de Gran Canaria. ______________ 5 muy simpático y ella ______________ 6 muy enamorada. Hoy se ven por primera vez, y Ana ______________ 7 muy nerviosa.

7 Die folgenden Spezialitäten werden auf den kanarischen Inseln oder in anderen Regionen Spaniens oft bei heißem oder kaltem Wetter genossen. Was riecht und schmeckt besonders gut bei Hitze oder Kälte? Denke an den Geruch und den Geschmack und fülle die Tabelle aus. Ergänze deine Lieblingsgerichte.

riechen

schmecken

* mojito * gazpacho * té * tinto de verano *(Weinschorle)*
* caldo de pescado * sangría * chocolate a la taza

A Bei kaltem Wetter:

____

____

____

B Bei heißem Wetter:

____

____

____

____

8 Höre dir diese Sätze an und sprich sie nach. Überlege dir kurz, ob sie zu deiner Person passen oder nicht.

hören

Tr. 17

La Navidad es una fiesta familiar.	*Weihnachten ist ein Familienfest.*
Mis amigos son mi familia.	*Meine Freunde sind meine Familie.*
Mi familia es grande.	*Meine Familie ist groß.*
Celebro la Navidad con mis abuelos.	*Ich feiere Weihnachten mit meinen Großeltern.*
Nuestros padres preparan tapas.	*Unsere Eltern machen Tapas.*
Mi mejor amiga es de Perú.	*Meine beste Freundin kommt aus Peru.*
No tengo hermanos, soy hija única.	*Ich habe keine Geschwister, ich bin Einzelkind.*
Mi familia no vive en España.	*Meine Familie lebt nicht in Spanien.*

DIE VERNEINUNG AUF SPANISCH

Die Wortstellung auf Spanisch ist nicht kompliziert: Wenn du einen Satz verneinst, wird **no** immer vor das konjugierte Verb gestellt: **No tengo hermanos**. Die Übersetzung von **no** ist *nicht* oder *kein*.

9 Passen die Aussagen oben zu dir und zu deinem Leben? Wenn sie zutreffen, schreibe sie genau so auf. Wenn sie nicht zu dir passen, ändere sie, indem du das Wort **no** ergänzt oder streichst.

Meine Sätze:

10 fühlen sehen

Gestalte eine Wortwolke zum Thema Weihnachten/Familie. Denke an die Personen, mit denen du Weihnachten feierst, überlege, welches Essen du besonders magst und finde Adjektive, die die Stimmung an Weihnachten beschreiben. Notiere die Begriffe natürlich nur auf Spanisch! Du kannst dazu das Wörterbuch auf **www.pons.de** nutzen.

Integriere in deine Wortwolke auch Zeichnungen!

LERNTIPP

Wenn du ein Wort mit einer Zeichnung verknüpfst, wird es besser in deinem Gedächtnis verankert. Beim Zeichnen bewegst du außerdem deine Hand. So sprichst du beim Lernen verschiedene Sinne gleichzeitig an. Das wird dir helfen, dich an die Wörter zu erinnern!

Lösungen

1. 1. tío, 2. primo, 3. tía, 4. abuelos
2. 3. A, 1. B, 2. C, 5. D, 4. E
4. 1. mi, mis, 2. mi, nuestra, nuestro, 3. mi, nuestro, 4. mis, sus
5. 1. tus, 2. nuestras, 3. mi
6. 1. está, 2. está, 3. es, 4. es, 5. es, 6, está, 7. está
7. bei kaltem Wetter: caldo de pescado, té, chocolate a la taza
bei heißem Wetter: mojito, gazpacho, sangría, tinto de verano

Transkriptionen

TR. 15

• María, ¿celebras mañana la Navidad en casa de tu madre?	*Maria, feierst du Morgen Weihnachten bei deiner Mutter?*
• No, la casa de mi madre es pequeña. Nosotros somos mucha gente y celebramos la Navidad en el campo, en la casa de mi abuelo. Él vive solo con su perro.	*Nein, das Haus meiner Mutter ist zu klein. Wir sind viele Leute und wir feiern Weihnachten auf dem Land im Haus meines Opas. Er wohnt alleine mit seinem Hund.*
• Es verdad, tu familia es muy grande.	*Stimmt, deine Familie ist sehr groß.*
• Sí, tengo cuatro hermanos y muchos primos. ¿Con quién estás tú en Navidad?	*Ja, ich habe vier Geschwister und viele Cousins und Cousinen. Mit wem feierst du morgen Weihnachten?*
• Como sabes, yo soy hijo único. Mañana somos dos, mi madre y yo. ¡Ah! y nuestra mascota también: el perro Bob.	*Wie du weißt, bin ich Einzelkind. Morgen sind wir zu zweit, meine Mutter und ich. Ah, und unser Haustier auch: der Hund Bob.*
• ¿Solo dos y el perro? Entonces, mañana celebráis la Navidad con nosotros. La casa de mi abuelo es muy grande y mi familia te aprecia mucho.	*Nur zu zweit und der Hund? Dann feiert ihr morgen Weihnachten mit uns. Das Haus meines Opas ist sehr groß und meine Familie mag dich sehr.*
• Pero...la Navidad es una fiesta familiar.	*Aber ... Weihnachten ist ein Familienfest.*
• Así es, y mis amigos son también mi familia.	*Genau, und meine Freunde sind auch meine Familie.*
• ¡Qué bien! Entonces, nos vemos mañana. Llevo turrón para el postre.	*Super! Dann sehen wir uns morgen. Ich werde Turrón zum Nachtisch mitbringen.*
• ¡Estupendo! Hasta mañana.	*Toll! Dann bis morgen!*

Lektionswortschatz

mi gente	*meine Leute*
la familia	*Familie*
la pareja	*(Ehe-)paar*
el campo	*Land*
la casa	*Haus*
la mascota	*Haustier*
el perro	*Hund*
el gato	*Katze*
la Navidad	*Weihnachten*
la fiesta	*Feier*
festejar	*feiern*
la comida	*Essen*
el turrón	*Nougat*
el postre	*Nachtisch*
la canela	*Zimt*
los dulces	*Süßigkeiten*
el regalo	*Geschenk*
la iglesia	*Kirche*
la decoración	*Dekoration*
la vela	*Kerze*
pequeño/a	*klein*
en el campo	*auf dem Land*
el/la abuelo/a	*Großvater/mutter*
Es verdad.	*Das stimmt.*
tener (tengo)	*haben*
ser hijo/a único/a	*Einzelkind sein*
dos	*zwei*
así es	*genau, stimmt*
apreciar	*mögen, wertschätzen*
familiar	*familiär*
ver(se)	*(sich) sehen*
llevar	*mitbringen*
el padre	*Vater*
la madre	*Mutter*
el/la tío/a	*Onkel/Tante*
el/la hermano/a	*Bruder/Schwester*
el/la cuñado/a	*Schwager/ Schwägerin*
el/primo/a	*Cousin/Cousine*
el/la yerno/a	*Schwiegersohn/ tochter*
la pareja	*(Ehe-)Paar*
el/la hijo/a	*Sohn/Tochter*
el/la sobrino/a	*Neffe/Nichte*
el/la nieto/a	*Enkel/in*
¡Feliz Navidad!	*Frohe Weihnachten!*
el jardín	*Garten*
el lugar	*Ort*
relajante	*entspannend*
el pueblo	*Dorf*
siempre	*immer*
los cosméticos	*Kosmetika*
la computadora, el ordenador	*Computer*
las patatas	*Kartoffeln*
caliente	*heiß*
frío/a	*kalt*
estar enamorado/a	*verliebt sein*
el océano Atlántico	*Atlantischer Ozean*
el tinto de verano	*Weinschorle*
el chocolate a la taza	*Tasse heiße Schoko-lade*
el té	*Tee*
el caldo de pescado	*Fischsuppe*
la sangría	*Rotweinbowle*
gazpacho	*kalte Gemüsesuppe*
el mojito	*Mojito (Cocktail)*
salir	*ausgehen*
preparar	*vorbereiten*
mejor	*besser, am besten*
relajado	*entspannt*
el ganso	*Gans*
rico/a	*lecker*
cómodo/a	*gemütlich*
la música	*Musik*
cantar	*singen*
redondo/a	*rund*
el paquete de sal marina	*Paket Meersalz*
el pimiento rojo	*rote Paprika*
el diente de ajo	*Knoblauchzehe*
el chile	*Chilischote*
el chorrito de balsámico	*Schuss Balsamico*
la pizca de sal	*Prise Salz*

Hora de comprar

ZEIT FÜR DEN EINKAUF

sehen

Schließ die Augen und stell dir vor, du betrittst einen Supermarkt in Spanien. Was hörst du? Was riechst du? Welche Produkte und Waren nimmst du wahr? Sicherlich entdeckst du auch ganz unbekannte Produkte und möchtest nun wissen, wie all das auf Spanisch heißt. Also kehre zurück in die Wirklichkeit. Jetzt lernst du alles Wichtige zum Lebensmitteleinkauf auf Spanisch.

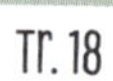

hören
Tr. 18

el pan
Brot

el agua
Wasser

la fruta
Obst

la verdura
Gemüse

el aceite
Öl

el vinagre
Essig

el queso
Käse

el yogur
Joghurt

la mantequilla
Butter

el limón
Zitrone

la naranja
Orange

la menta
Minze

la ensalada
Salat

el pimiento
Paprika

la fresa
Erdbeere

el pepino
Gurke

el pescado
Fisch

el marisco
Meeresfrüchte

los huevos
Eier

el chorizo
Paprikawurst

TR. 19

- Buenos días, ¿qué desea?
- Dos kilos de tomates maduros, por favor.
- ¿Algo más?
- Sí. Tres pimientos verdes. ¿Y cuánto cuestan los pepinos?
- Un pepino cuesta noventa céntimos.
- Entonces, deme dos pepinos. Ah, y un aguacate.
- ¿Eso es todo?
- Sí, ¿cuánto es?
- Son seis euros con cuarenta y cinco.
- Aquí tiene.
- Gracias, y aquí tiene el cambio. ¡Adiós!

1 Jetzt bist du dran! Schreib dir einen Einkaufszettel (**lista de compra**), auf dem alle unten abgebildeten Lebensmittel vorkommen. Die Zahlen (Übung 4) und ein paar wichtige Mengenangaben helfen dir, deinen Einkaufszettel zu vervollständigen. Und wenn das gut klappt, dann schreibe doch auch die Liste für deinen nächsten Einkauf auf Spanisch!

MENGENANGABEN

gramo *Gramm*
kilo *Kilo*
200 gramos de *200 Gramm*
dos kilos de *zwei Kilo*
litro *Liter*
medio litro de *ein halber Liter*
un cuarto de litro de *ein viertel Liter*

---

una botella de *eine Flasche*
un paquete de *eine Packung*
una lata de *eine Dose*
una caja de *eine Schachtel*

 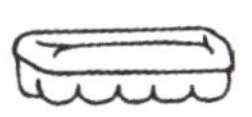

2

hören

Tr. 20

Höre dir die Bezeichnungen der verschiedenen Läden und Geschäfte an und trenne dann die Wörter in der Wortschlange. Schreibe die deutsche Bezeichnung dazu.

PESCADERÍAVERDULERÍACARNICERÍAPANADERÍAFRUTERÍA

pescadería	→	______
______	→	______
______	→	______
______	→	______
______	→	______

3

hören

Tr. 21

Jetzt hörst du noch ein Gespräch, bei dem etwas eingekauft wird. Höre genau hin und kreuze die Waren an, die du gehört hast. Schreibe das richtige spanische Wort auf.

1. ______ 2. ______ 3. ______ 4. ______

5. ______ 6. ______ 7. ______ 8. ______

ANDERS EINKAUFEN

Natürlich kann man auch in Spanien im Supermarkt einkaufen, aber es gibt immer noch viele kleine Einzelhändler wie Bäcker, Gemüsehändler, Fischhändler – unbedingt ausprobieren!

Adjektive

Auf Spanisch passt du Adjektive in Geschlecht und Zahl an das Substantiv an. Männliche Adjektive auf **-o** bilden die weibliche Form auf **-a**. Im Plural wird bei beiden Formen ein **-s** angehängt.

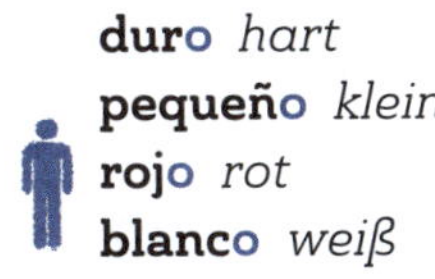

duro *hart*
pequeño *klein*
rojo *rot*
blanco *weiß*

dura
pequeña
roja
blanca

duros
pequeños
rojos
blancos

duras
pequeñas
rojas
blancas

Adjektive, die auf einen Konsonanten oder auf einen anderen Vokal als **-o** enden, verändern sich in ihrer weiblichen Form nicht. Im Plural wird **-(e)s** angehängt.

dulce *süß*
azul *blau*
grande *groß*
verde *grün*

dulces
azules
grandes
verdes

Um das Adjektiv an das Substantiv anzupassen, musst du wissen, welches Geschlecht und welche Zahl das Substantiv hat. Bei gemischten Gruppen (sobald mindestens ein männliches Substantiv dabei ist) verwendet man immer die männliche Pluralform.

el pepino	**la fresa**	**los pepinos**	**las fresas**
Singular maskulin	Singular feminin	Plural maskulin	Plural feminin
↓	↓	↓	↓
el pepino duro el pepino verde	la fresa roja la fresa dulce	los pepinos duros los pepinos verdes	las fresas rojas las fresas dulces

4 Zahlen sind auf Spanisch leicht! Höre aufmerksam zu und lies sie laut vor.

Tr. 22

0 cero	**5** cinco	**10** diez	**15** quince	**20** veinte	**30** treinta
1 uno	**6** seis	**11** once	**16** dieciséis	**21** veintiuno	**31** treinta y uno
2 dos	**7** siete	**12** doce	**17** diecisiete	**22** veintidós	**32** treinta y dos
3 tres	**8** ocho	**13** trece	**18** dieciocho	...	...
4 cuatro	**9** nueve	**14** catorce	**19** diecinueve	...	...

40 cuarenta **50** cincuenta **60** sesenta **70** setenta **80** ochenta **90** noventa **100** cien

REZEPT

Gazpacho

KALTE GEMÜSESUPPE

schmecken

Die kalte Gemüsesuppe **Gazpacho** ist ein Klassiker der spanischen, vor allem der andalusischen Küche. In der heißesten Zeit des Jahres ist sie natürlich besonders beliebt. Tomaten bilden die Grundlage – wenn du das Rezept ausprobierst, achte besonders auf reife Tomaten mit vollem Geschmack! Sehr gut passen *Flaschentomaten* (**tomates de pera**) oder *Rispentomaten* (**tomates en rama**).

Zutaten / Ingredientes:

1 kg de tomates maduros / *1 kg reife Tomaten* – **1** pimiento rojo / *1 rote Paprika* – **1** pepino / *1 Gurke* – **2 dientes** de ajo / *2 Knoblauchzehen* – **10 g** de pan seco / *10 g trockenes Brot* – **5 cucharadas** de aceite de oliva / *5 EL Olivenöl* – **2 cucharadas** de vinagre de vino / *2 EL weißer Balsamico* – **1 cucharadita** de sal / *1 TL Salz* – **1/2 cucharadita** de azúcar / *1/2 TL Zucker*

1. Die Gurke schälen. Wenn du eine sehr feine Gazpacho möchtest, schäle auch die Tomaten und die Paprika.
2. Das Gemüse schneiden. Alles in eine Schüssel füllen.
3. Fünf Esslöffel Olivenöl, zwei Esslöffel Essig und eine halbe Scheibe trockenes Brot hinzufügen.
4. Einen Teelöffel Salz und einen halben Teelöffel Zucker dazugeben.
5. Die Mischung auf hoher Stufe pürieren, bis eine sehr feine Konsistenz erreicht ist. Für mehrere Stunden in den Kühlschrank stellen. Mit Gemüsestücken, salzigem Gebäck oder geröstetem Brot servieren.

el pan seco *trockenes Brot*
la cucharada *Esslöffel*
el vinagre de vino *Weinessig*
la cucharadita *Teelöffel*
el azúcar *Zucker*

5 riechen schmecken

Welchen Geruch (**olor**) und/oder Geschmack (**sabor**) haben diese Lebensmittel? Wenn du manches davon zu Hause hast, riech daran oder koste es, während du dir das entsprechende Adjektiv einprägst. Du kannst ein Adjektiv mehrmals benutzen.

* **fuerte** *stark*
* **fresco** *frisch*
* **suave** *leicht*
* **dulce** *süß*
* **salado** *salzig*
* **ácido** *sauer*
* **picante** *scharf*

1. olor ______ **2.** olor ______ **3.** olor ______ **4.** olor ______

5. sabor ______ **6.** sabor ______ **7.** sabor ______ **8.** sabor ______

9. olor ______ **10.** sabor ______ **11.** sabor ______ **12.** sabor ______

6 In welche Kategorie passen die Lebensmittel im Kasten?

* **chorizo** *Paprikawurst*
* **ajo** *Knoblauch*
* **tomate** *Tomate*
* **sal** *Salz*
* **azúcar** *Zucker*
* **vinagre** *Essig*
* **anchoas** *Anchovis*
* **limón** *Zitrone*
* **bombones** *Pralinen*
* **aceite de oliva** *Olivenöl*

1. fruta y verdura:

______
______
______

2. pescado:

______
______
______

3. carne o embutido:

______
______
______

4. otros:

______
______
______

7 *Fragen* **preguntas** und *Antworten* **respuestas** beim Einkaufen! Kreuze die richtige Antwort an.

1. ¿Cuánto vale un kilo de tomates cherry?
   - ○ **A** ¿Qué tipo de tomates quiere?
   - ○ **B** Un kilo vale 3.99 €.
   - ○ **C** Solo tengo 300 g.

2. ¿Qué limones son de agricultura ecológica?
   - ○ **A** Los limones pequeños.
   - ○ **B** Vendemos limones españoles.
   - ○ **C** Los limones son ácidos.

3. ¿Tienen pescado fresco de la zona?
   - ○ **A** Mariscos sí, pero pescado no.
   - ○ **B** El pescado congelado no tiene un sabor intenso.
   - ○ **C** El pescado es muy caro.

4. Quiero una barra de pan.
   - ○ **A** La panadería del pueblo es muy buena.
   - ○ **B** Los panecillos (*Brötchen)* son integrales (*Vollkorn)*.
   - ○ **C** ¿Integral o pan blanco?

8 Höre dir diese Sätze an und sprich sie nach. Was sagt die Person, die einkauft (K) und was diejenige hinter der Theke (V)?

hören

Tr. 23

1. ¿Qué desea?	*Was darf es denn sein?*
2. Un pepino cuesta noventa céntimos.	*Eine Gurke kostet 90 Cent.*
3. ¿Cuánto es?	*Was macht das?*
4. Aquí tiene la vuelta.	*Hier ist Ihr Rückgeld.*
5. ¿Eso es todo?	*Ist das alles?*
6. Dos pepinos, por favor.	*Zwei Gurken, bitte.*
7. ¿Cuánto cuestan los limones?	*Wie viel kosten die Zitronen?*
8. Aquí tiene.	*Bitte sehr.*
9. Buenos días, ¿tienen panecillos?	*Guten Morgen, haben Sie Brötchen?*

9 **¿Dónde estás?** *Wo bist du?* Höre die Dialoge an und wähle den richtigen Ort aus.

hören

Tr. 24

1. ¿Dónde estás?
   - ○ **A** En una cafetería.
   - ○ **B** En una discoteca.
   - ○ **C** En un autobús.

2. Estás en una...
   - ○ **A** panadería.
   - ○ **B** fiesta.
   - ○ **C** pescadería.

3. Las personas hablan en...
   - ○ **A** un pub.
   - ○ **B** un mercado.
   - ○ **C** una escuela.

4. ¿Dónde estás?
   - ○ **A** En un bar.
   - ○ **B** En una discoteca.
   - ○ **C** En una terraza.

10

fühlen

Welche Lebensmittel hast du gerade zu Hause? Geh in deine Küche und mach deinen Kühlschrank auf. Siehst du Produkte, deren Namen du schon auf Spanisch kennst? Sprich die Bezeichnungen dieser Lebensmittel aus. Während du sprichst, betrachte und berühre die Dinge und rieche an ihnen. Wiederhole diese Übung mit Lebensmitteln, die du im Schrank oder in den Regalen hast.

Nimm jetzt Zettel in drei verschiedenen Farben für

- Obst und Gemüse,
- Fisch und Fleisch,
- andere Lebensmittel.

Schreib die spanischen Bezeichnungen der Lebensmittel in deinem Kühlschrank und deinem Schrank auf den passenden Zettel. Mit Hilfe eines Wörterbuchs oder mit dem Online-Wörterbuch auf **www.pons.de** kannst du noch mehr Begriffe hinzufügen.

Klebe deine Listen auf die Kühlschranktür und lies sie regelmäßig vor. Wenn du alle Wörter gut kannst, kannst du die Listen mit neuen Wörtern füllen!

Lösungen

1. una botella de agua, un paquete de / 250 gramos de mantequilla, dos pepinos, una naranja, dos limones, un paquete de huevos
2. pescadería: Fischgeschäft, verdulería: Gemüseladen, carnicería: Metzgerei, panadería: Bäckerei, frutería: Obsthandlung
3. 1. limones, 2. fresas, 3. queso, (4. menta), 5. pepino, 6. mantequilla, 7. huevos, 8. leche
5. 1. chorizo: olor fuerte/picante, 2. ajo: olor fuerte, 3. menta: olor fuerte, 4. tomates: olor fresco, 5. sal: sabor salado, 6. azúcar: sabor dulce, 7. vinagre: sabor ácido, 8. anchoas: sabor salado, 9. limones: olor fuerte/ácido, 10. bombones: sabor dulce, 11. chile: sabor picante, 12. aceite de oliva: sabor fresco
6. 1. ajo, tomate, limón, 2. anchoas, 3. chorizo, 4. sal, vinagre, bombones, aceite de oliva
7. 1. B, 2. A, 3. A, 4. C
8. V: 1, 2, 4, 5, 8 / K: 3, 6, 7, 8, 9
9. 1. A, 2. A, 3. C, 4. B

Transkriptionen

TR. 19

• Buenos días, ¿qué desea?	*Guten Tag, was hätten Sie gerne?*
• Dos kilos de tomates maduros, por favor.	*Zwei Kilo reife Tomaten bitte.*
• ¿Algo más?	*Kommt noch etwas dazu?*
• Sí. Tres pimientos verdes. ¿Y cuánto cuestan los pepinos?	*Ja, drei grüne Paprika. Und was kosten die Gurken?*
• Un pepino cuesta noventa céntimos.	*Eine Gurke kostet 90 Cent.*
• Entonces, deme dos pepinos. Ah, y un aguacate.	*Dann geben Sie mir zwei Gurken, ah, und noch eine Avocado.*
• ¿Eso es todo?	*Ist das alles?*
• Sí, ¿cuánto es?	*Ja, wie viel kostet es?*
• Son seis euros con cuarenta y cinco.	*Es sind sechs Euro und 45 Cent.*
• Aquí tiene.	*Bitte schön.*
• Gracias, y aquí tiene el cambio. ¡Adiós!	*Dankeschön! Und hier haben Sie das Rückgeld.*

TR. 21

• Buenas tardes, ¿qué fruta tienen de oferta?	*Guten Abend, welches Obst haben Sie im Angebot?*
• Tenemos manzanas, limones y naranjas.	*Wir haben Äpfel, Zitronen und Orangen.*
• Quiero medio kilo de fresas y dos limones. Además también quiero verdura, deme por favor un pepino.	*Ich möchte ein halbes Kilo Erdbeeeren und zwei Zitronen. Außerdem möchte ich auch Gemüse. Geben Sie mir bitte eine Gurke.*
• Aquí tiene.	*Bitteschön.*
• Por último, quiero leche, mantequilla y queso.	*Als letztes möchte ich Milch, Butter und Käse.*
• Mire, están en la nevera junto a la salida. ¿Necesita algo más del mostrador?	*Schauen Sie, Sie finden sie im Kühlregal neben dem Ausgang. Brauchen Sie noch was aus der Theke?*
• Es verdad, necesito huevos también. Deme seis huevos, por favor.	*Stimmt, ich brauche auch Eier. Geben Sie mir bitte sechs Stück.*
• Muy bien, aquí tiene los huevos.	*Alles klar, hier haben Sie die Eier.*
• Estupendo, muchas gracias.	*Super, vielen Dank.*
• Gracias a usted y hasta pronto.	*Ich danke Ihnen und bis bald.*

TR. 24

• 1. Un café con leche, por favor. / Aquí tiene.	*Einen Milchkaffee, bitte. / Hier, bitte.*
• 2. ¿Tienen pan integral? / Sí, tenemos barras y panecillos.	*Haben Sie Vollkornbrot? / Ja, wir haben Baguette und Brötchen.*
• 3. ¿Tienes clase o tienes pausa? / Tengo pausa y voy a comer fruta.	*Hast du Unterricht oder Pause? / Ich habe Pause und werde jetzt mein Obst essen.*
• 4. ¿Quieres un mojito con menta? / No, gracias, ahora quiero bailar.	*Möchtest du einen Mojito mit Minze? / Nein, danke, ich möchte jetzt tanzen.*

Lektionswortschatz

el pan	*Brot*
el agua	*Wasser*
la fruta	*Obst*
la verdura	*Gemüse*
el aceite	*Öl*
el vinagre	*Essig*
el queso	*Käse*
el yogur	*Joghurt*
la mantequilla	*Butter*
el limón	*Zitrone*
la naranja	*Orange*
la menta	*Minze*
la ensalada	*Salat*
el pimiento	*Paprika*
la fresa	*Erdbeere*
el pepino	*Gurke*
el pescado	*Fisch*
el marisco	*Meeresfrüchte*
los huevos	*Eier*
el chorizo	*Paprikawurst*
desear	*wünschen*
el kilo	*Kilogramm*
maduro/a	*reif*
por favor	*bitte*
etwas	*algo*
más	*mehr*
verde	*grün*
costar (cuesto)	*kosten*
céntimos	*Cent*
deme	*geben Sie mir*
el aguacate	*Avocado*
eso	*das*
todo/a	*alles*
aquí tiene	*hier, bitteschön*
el cambio	*Wechselgeld*
la lista de compra	*Einkaufsliste*
la pescadería	*Fischgeschäft*
la verdulería	*Gemüseladen*
la carnicería	*Metzgerei*
la panadería	*Bäckerei*
la frutería	*Obsthandel*
las fresas	*Erdbeeren*
duro/a	*hart*
rojo/a	*rot*
blanco/a	*weiß*
dulce	*süß*
azul	*blau*
los números	*Zahlen*
el olor	*Geruch*
el sabor	*Geschmack*
fresco/a	*frisch*
suave	*leicht*
salado/a	*salzig*
ácido/a	*sauer*
intenso/a	*intensiv*
picante	*scharf*
fruta y verdura	*Obst und Gemüse*
la carne	*Fleisch*
o	*oder*
embutido	*Aufschnitt*
otro/a	*anderes*
las anchoas	*Anchovis*
los bombones	*Pralinen*
¿Cuánto vale...?	*Wieviel kostet ...?*
el tipo	*Art*
de la zona	*aus der Region*
caro	*teuer*
vender	*verkaufen*
la barra de pan	*Baguette*
bueno/a	*gut*
integral	*Vollkorn*
los panecillos	*Brötchen*
la vuelta	*Rückweg*
el café con leche	*Milchkaffee*
el mercado	*Markt*
la clase	*Unterricht*

0 cero
1 uno
2 dos
3 tres
4 cuatro
5 cinco
6 seis
7 siete
8 ocho
9 nueve
10 diez
11 once
12 doce
13 trece
14 catorce
15 quince
16 dieciséis
17 diecisiete
18 dieciocho
19 diecinueve
20 veinte
21 veintiuno
22 veintidós
23 veintitrés
24 veinticuatro
25 veinticinco
26 veintiséis
27 veintisiete
28 ventiocho
29 veintinueve
30 treinta
31 treinta y uno
32 treinta y dos
33 treinta y tres
34 treinta y cuatro
35 treinta y cinco
36 treinta y seis
37 treinta y siete
38 treinta y ocho
39 treinta y nueve
40 cuarenta
50 cincuenta
60 sesenta
70 setenta
80 ochenta
90 noventa
100 cien

¡Mar, me gustas!

MEER, DU GEFÄLLST MIR!

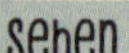

In vielen Teilen der spanischsprachigen Welt spielt das Meer eine große Rolle, und wo das Meer ist, gibt es meistens auch Promenaden. Stell dir vor, du befindest dich auf deiner Lieblingspromenade. Das Meer, die Farbe der Landschaft und das lockere Ambiente begleiten dich! Schließ die Augen, visualisiere die Szene mit Bildern in deinem Kopf. Jetzt schau dir die Bilder auf der Seite an. Was gab es auf deiner vorgestellten Promenade, was nicht?

hören
Tr. 25

el mar
Meer

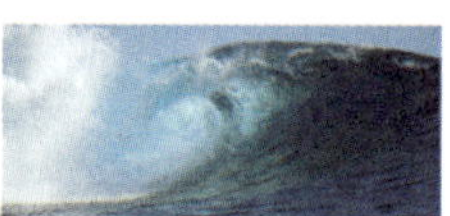

la ola
Welle

el paisaje
Landschaft

la luz
Licht

la brisa
Brise

la tormenta
Gewitter

la puesta de sol
Sonnenuntergang

la luna
Mond

la hamaca
Hängematte

la tumbona
Liegestuhl

la arena
Sand

la sombrilla
Sonnenschirm

el apartamento
Appartement

la gaviota
Möwe

los artesanos
Kunsthandwerker

los músicos
Musikanten

el velero
Segelboot

la bicicleta
Fahrrad

la crema solar
Sonnencreme

el puerto
Hafen

Tr. 26

- ¡Qué calor hace hoy en casa!
- ◎ Sí, es cierto. ¿Vamos al paseo marítimo esta tarde?
- ¡Qué buena idea! Me gusta el frescor de la brisa y el olor del mar en el paseo. Además, las olas del mar me relajan.
- ◎ Sí, así es. A mí también me gusta pasear.
- Yo quiero pasear y disfrutar del paisaje.
- ◎ Sí, claro y además, el paseo tiene mucha vida y color, gracias al mercado artesanal y los músicos.
- ¿Quieres hacer algunas fotos?
- ◎ ¿Fotos de la puesta de sol?
- ¡Sí, perfecto! La luz es especial en ese momento del día.
- ◎ Vale, ¿tomamos primero un café en una terraza?
- No sé... yo quiero pasear y moverme.
- ◎ De acuerdo, sin café, pero... después de las fotos me invitas a unas tapas en el puerto.
- Muy bien, las tapas son deliciosas allí. Y... después de las tapas, tú pagas los cócteles.

1 **¿Correcto o falso?** *Richtig oder falsch?* Höre dir den Dialog an und kreuze an.

hören

Tr. 26

	correcto	falso
1. Los amigos conversan en casa.	○	○
2. El mercado artesanal no está en el paseo marítimo.	○	○
3. Esta tarde quieren tomar fotos de la gente del paseo.	○	○
4. La puesta de sol tiene una luz especial.	○	○
5. Los amigos quieren tomar tapas y cócteles.	○	○

2 Bestimmte Geräusche wecken in uns Erinnerungen und Gefühle. Höre dir diese Geräusche an und ordne sie den verschiedenen Gefühlen zu.

hören

Tr. 27

1. las olas del mar	___ **A** miedo *Angst*
2. la música en las calles	___ **B** frescor *Frische*
3. la brisa del mar en los árboles	___ **C** libertad *Freiheit*
4. las gaviotas	___ **D** alegría y vida *Freude und Leben*
5. la fuerte tormenta	___ **E** relax *Entspannung*

3

Sehen

Nun lies den Dialog noch einmal und kreuze die Bilder an, die den zwei Freunden gut gefallen würden. Beschreibe dann die Bilder mithilfe des Ausdrucks **(no) les gusta** *ihnen gefällt (nicht) ...*

1. ______________________________

2. ______________________________

3. ______________________________

4

Welchen Dingen begegnest du im Urlaub am Meer? Die gesuchten Begriffe findest du auf der ersten Seite dieser Lektion.

1. Liegestuhl
2. Mond
3. para no estar en el sol
4. mucha agua, océano
5. Sonnenuntergang
6. Hängematte
7. protección contra el sol, crema
8. Sand
9. Welle
10. Hafen
11. animal

Das Verb gustar (*gefallen, mögen*)

Das Verb **gustar** bedeutet *gefallen, mögen*. Wie im Deutschen wird dieses Verb von Pronomen begleitet: **me gusta** *mir gefällt*, **te gusta** *dir gefällt* etc.:

(a mí)		**me**		**la playa**
(a ti)		**te**		**las excursiones**
(a él / ella / usted)	**(no)**	**le**	**gusta(n)**	**los paseos**
(a nosotros/-as)		**nos**		**comer y beber**
(a vosotros/-as)		**os**		**hacer yoga**
(a ellos/-as / ustedes)		**les**		**hacer fotos**

A mí, a ti etc. wird zusätzlich hinzugefügt, wenn zwei Personen gegenübergestellt werden, z. B. **A mí me gusta la playa, pero a ti no.** *Mir gefällt der Strand, aber dir nicht.*

Achtung: **gusta** wird zu **gustan**, wenn das nachfolgende Substantiv im Plural steht:

Me gustan las vacaciones relajadas. **Me gusta este libro. / Me gusta leer.**

5 

¡A practicar! *An die Übung!* Setze die richtige Form des Verbs **gustar** sowie das dazugehörige Pronomen (**me**, **te**, **le**...) ein. Stell dir die Gerüche genau vor, während du die Sätze laut aussprichst.

1. ______ ____________ el olor del mar. *(a mí)*
2. No ______ ____________ cocinar fritos por (*wegen*) el olor a aceite. *(a nosotros)*
3. ______ ____________ los sabores de las salsas (*Soßen*) españolas. *(a él)*
4. ¿______ ____________ el olor fresco e intenso de la menta? *(a ti)*
5. ______ ____________ hacer pan por el buen olor. *(a ellas)*

6 

¿Y qué olores y sabores te gustan a ti? *Und welche Gerüche und Geschmacksrichtungen gefallen dir?* Formuliere.

____

____

REZEPT

Melón a la menta

MELONE MIT MINZE

Schmecken

Las recetas con frutas regionales *(Obst aus der Region)* y de temporada *(Obst der Saison)* son deliciosas, llenas de sabor y color. Las ensaladas de frutas *(Obstsalate)* tienen muchas vitaminas. Además, son económicas *(günstig)*, dulces y tienen pocas calorías. ¿Conoces el melón a la menta? Es un plato delicioso y refrescante *(erfrischend)*, perfecto para los días de calor.

Zutaten / Ingredientes:

2 o 3 ramitas de menta – **2** limones – **1** melón galo o tipo piel de sapo – azúcar (opcional)

1. Picar la menta y exprimir los limones. *Die Minze rupfen und die Zitronen auspressen.*
2. Cortar el melón por el centro, quitarle las puntas y las pepitas. Hacer cuadraditos con la pulpa. *Die Melone in der Hälfte durchschneiden, die Enden der Melone abschneiden und die Kerne herauslösen. Das Fruchtfleisch würfeln.*
3. Mezclar en un bol el zumo del limón con la menta y la pulpa. Poner también azúcar si se desea. *In einer Schüssel den Zitronensaft, die Minze und das Fruchtfleisch der Melone mischen. Gegebenenfalls Zucker hinzufügen.*
4. Rellenar medio melón con la mezcla. ¡Listo! *Die Melonenhälften mit der Mischung füllen. Fertig!*

ramitas *Zweige*
el melón galo *Galia-Melone*
melón tipo piel de sapo *Futuro-Melone*

El melón y la sandía

Wassermelone heißt auf Spanisch **sandía**, die anderen Melonensorten heißen **melón**. Frisches Obst wie **sandía**, **melón**, **uvas** (*Trauben*) und **fresas** (*Erdbeeren*) wird oft gemischt und mit Orangensaft oder Likör begossen. Es wird zum Nachtisch als Obstsalat gegessen.

7 Zur Erholung verbringst du Zeit in der Natur und in deiner Urlaubsumgebung. Was machst du gern? Was machst du nicht so gern? Nutze zur Beschreibung das Verb **gustar**.

1. ______________________________

2. ______________________________

3. ______________________________

4. ______________________________

5. ______________________________

6. ______________________________

7. ______________________________

8. ______________________________

- comer en un chiringuito
- alquilar una bicicleta de montaña
- hacer fotos de la puesta de sol
- pasar la noche en la playa
- practicar windsurf
- bailar a la luz de la luna
- hacer yoga en la playa
- desconectar el móvil

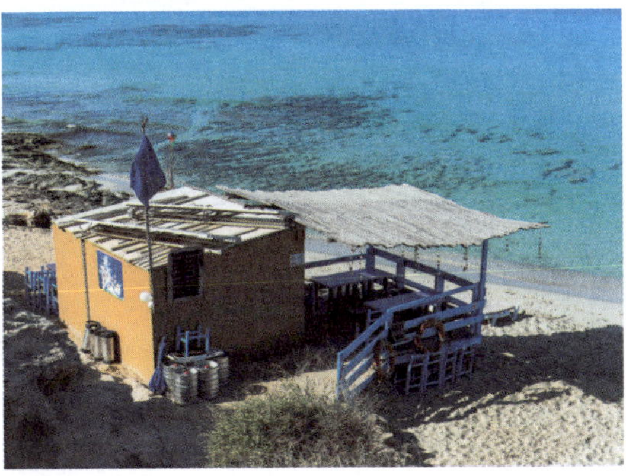

EL CHIRINGUITO

Ein **chiringuito** ist eine Strandbar mit einer besonderen Atmosphäre, die meistens nur im Sommer geöffnet ist. Die erste Strandbar dieser Art wurde 1913 in Sitges, wenige Kilometer von Barcelona entfernt, eröffnet. Der Name „Chiringuito" kommt von der kubanischen Lieblingskaffeesorte eines der Mitarbeiter dieser Strandbar.

8

hören

Tr. 28

Sicherlich willst du an deinem Urlaubsort am Meer Ausflüge machen oder den Tag am Strand verbringen. Die folgenden Sätze und Ausdrücke helfen dir dabei. Höre sie dir immer wieder an und sprich sie nach.

¿Organizan excursiones en velero?	*Organisieren Sie Ausflüge mit dem Segelboot?*
¿Hay medusas en esta playa?	*Gibt es Quallen an diesem Strand?*
Alquilar dos hamacas y una sombrilla cuesta 25 €.	*Zwei Hängematten und einen Sonnenschirm zu mieten kostet 25 €.*
¿Alquilan bicicletas de montaña por días?	*Verleihen Sie tageweise Mountainbikes?*
¿Venden crema solar?	*Verkaufen Sie Sonnencreme?*
Nos gusta comer pescado fresco en el chiringuito.	*Wir essen gerne frischen Fisch in der Strandbar.*
¿Cuánto cuesta este biquini?	*Wie viel kostet dieser Bikini?*

9

sehen

Vervollständige die vier Dialoge mit einem Satz aus Übung 8.

1. ______________________

____

– Las alquilamos por días y por horas.

2. ______________________

____

– Sí, son excursiones de un día.

3. ¿Es caro alquilar hamacas y sombrillas en la playa?

____

____

4. ______________________

____

– No lo sé, no veo el precio.

10

fühlen

Eine schöne Collage rund um das Meer hilft dir, die Vokabeln zu festigen und die Lektion zusammenzufassen. Suche Bilder, die mit dem Meer zu tun haben und klebe sie auf eine große Pappe. Notiere das Wort **el mar** und alle anderen Begriffe, die dir zu diesem Thema einfallen. Denke dabei auch an Urlaube, die du am Meer gemacht hast.

Hänge deine Collage an einem schönen Ort in deiner Wohnung auf. Betrachte die einzelnen Bilder und entscheide, ob dir die Dinge darauf sehr gut gefallen (**te gustan mucho**), ein bisschen gefallen (**te gustan un poco**) oder eventuell gar nicht gefallen (**no te gustan**). Beschreibe deine Ideen:

Me gusta mucho:	**Me gusta un poco:**	**No me gusta:**
la puesta de sol	*las tapas en el puerto*	*el ruido de las terrazas*

hören

Tr. 29

Tipp! Die Erstellung deiner Collage ist eine Gelegenheit, eine schöne Zeit mit dir selbst und deinen Erinnerungen ans Meer zu verbringen. Vielleicht möchtest du dir einen leckeren Drink zubereiten und diesen während der Übung genießen. Lass dich von den entspannenden Meeresgeräuschen inspirieren.

Lösungen

1. correcto: 1, 4, 5 / falso: 2, 3
2. individuelle Lösungen
3. 1. Les gusta la puesta de sol. 2. Les gusta comer tapas. 3. No les gusta el calor/el tiempo.
4. 1. tumbona, 2. luna, 3. sombrilla, 4. mar, 5. puesta de sol, 6. hamaca, 7. crema solar, 8. arena, 9. ola, 10. puerto, 11. gaviota
5. 1. me gusta, 2. me gusta, 3. le gustan, 4. te gusta, 5. les gusta
7. 1. practicar windsurf, 2. hacer yoga en la playa, 3. hacer fotos de la puesta del sol, 4. desconectar el móvil, 5. bailar a la luz de la luna, 6. comer en un chiringuito, 7. pasar la noche en la playa, 8. alquilar una bicileta de montaña
9. 1. ¿Alquilan bicicletas de montaña por días? 2. ¿Organizan excursiones en velero? 3. Alquilar dos hamacas y una sombrilla cuesta 25 €. 4. ¿Cuánto cuesta este biquini?

Transkriptionen

TR. 26

• ¡Qué calor hace hoy en casa!	*Wie heiß es heute zu Hause ist!*
• Sí, es cierto. ¿Vamos al paseo marítimo esta tarde?	*Ja, das stimmt. Gehen wir heute Abend zur Promenade?*
• ¡Qué buena idea! Me gusta el frescor de la brisa y el olor del mar en el paseo. Además, las olas del mar me relajan.	*Super Idee! Ich mag die frische Brise und den Geruch des Meeres auf der Promenade. Außerdem entspannen mich die Wellen.*
• Sí, así es. A mí también me gusta pasear.	*Ja, so ist es. Mir gefällt die Promenade auch.*
• Yo quiero pasear y disfrutar del paisaje.	*Ich möchte spazieren und die Landschaft genießen.*
• Sí, claro y además, el paseo tiene mucha vida y color, gracias al mercado artesanal y los músicos.	*Ja, natürlich, und außerdem ist die Promenade bunt und voller Leben, dank dem Handwerkermarkt und den Musikanten.*
• ¿Quieres hacer algunas fotos?	*Möchtest du ein paar Bilder machen?*
• ¿Fotos de la puesta de sol?	*Bilder vom Sonnenuntergang?*
• ¡Sí, perfecto! La luz es especial en ese momento del día.	*Ja, perfekt! Das Licht ist besonders zu dieser Tageszeit.*
• Vale, ¿tomamos primero un café en una terraza?	*Alles klar. Trinken wir zuerst einen Kaffee auf einer Terrasse?*
• No sé... yo quiero pasear y moverme.	*Ich weiß nicht... Ich mag lieber spazieren gehen und mich bewegen.*
• De acuerdo, sin café, pero... después de las fotos me invitas a unas tapas en el puerto.	*Alles klar. Dann ohne Kaffee. Aber nach dem Fotoshooting lädst du mich zu Tapas am Hafen ein.*
• Muy bien, las tapas son deliciosas allí. Y... después de las tapas, tú pagas los cócteles.	*Sehr gut. Die Tapas sind dort sehr lecker. Und nach den Tapas zahlst du die Cocktails.*

Lektionswortschatz

me gustas	*du gefällst mir*
el mar	*Meer*
la ola	*Welle*
el paisaje	*Landschaft*
la luz	*Licht*
la brisa	*Brise*
la tormenta	*Sturm*
la puesta de sol	*Sonnenuntergang*
la luna	*Mond*
la hamaca	*Hängematte*
la tumbona	*Liegestuhl*
la arena	*Sand*
la sombrilla	*Sonnenschirm*
el apartamento	*Appartement*
la gaviota	*Möwe*
el/la artesano/a	*Kunsthandwerker/in*
el/la músico/a	*Musiker/in*
el velero	*Segelboot*
la bicicleta	*Fahrrad*
la crema solar	*Sonnencreme*
el puerto	*Hafen*
el calor	*Hitze*
hacer calor	*heiß sein*
en casa	*zu Hause*
es cierto	*das stimmt*
esta tarde	*heute Abend*
la idea	*Idee*
el frescor	*Frische*
relajar	*entspannen*
pasear	*spazieren gehen*
disfrutar de	*genießen*
el color	*Farbe*
gracias a	*dank*
el mercado artesanal	*Handwerkermarkt*
hacer fotos	*Fotos machen*
especial	*besonders*
el momento	*Moment*
el día	*Tag*
tomar un café	*Kaffee trinken*
la terraza	*Terrasse*
moverse	*sich bewegen*
de acuerdo	*in Ordnung*
sin	*ohne*
después de	*nachdem*
invitar a alguien	*jdn. einladen*
delicioso	*köstlich, lecker*
pagar	*bezahlen*
cóctel	*Cocktail*
correcto	*richtig*
falso	*falsch*
conversar	*sich unterhalten*
el miedo	*Angst*
la libertad	*Freiheit*
la alegría	*Freude*
el relax	*Entspannung*
gustar	*gefallen*
la excursión	*Ausflug*
el paseo	*Spaziergang*
beber	*trinken*
hacer yoga	*Yoga machen*
leer	*lesen*
cocinar fritos	*frittieren*
por	*wegen*
la salsa	*Soße*
la receta	*Rezept*
las frutas regionales	*Obst aus der Region*
las frutas de temporada	*Obst der Saison*
lleno de sabor	*voller Geschmack*
la ensalada de fruta	*Obstsalat*
las vitaminas	*Vitamine*
económico/a	*günstig*
las calorías	*Kalorien*
refrescante	*erfrischend*
las ramitas	Zweige
el melón galo	Galia-Melone
el melón tipo piel de sapo	Futuro-Melone
la sandía	Wassermelone
las uvas	Weintrauben
alquilar	*mieten*
bicicleta de montaña	*Mountainbike*
pasar la noche	*den Abend verbringen*
practicar windsurf	*windsurfen*
a la luz de la luna	*im Mondschein*
desconectar el móvil	*das Handy ausschalten*
la medusa	*Qualle*
por días	*tageweise*
el biquini	*Bikini*

El mundo es mi hogar

DIE WELT IST MEIN ZUHAUSE

sehen

Musik dringt durch die Straßen Havannas. Du hörst Salsa, Rumba und Cha-cha … Auf dem Marktplatz des peruanischen Cuzco feilschen Bauern um die Preise von Kartoffeln, Mais und Quinoa. Die Palmen an der karibischen Küste Kolumbiens biegen sich im Wind, während in Costa Rica bunte Surfbretter auf dem türkisfarbenen Wasser des Pazifik tanzen … Kannst du es dir vorstellen? Überall dort spricht man Spanisch!

hören
Tr. 30

las vacaciones
Ferien

el viaje
Reise

la palmera
Palme

hacer surf
surfen

el campesino
Bauer

la costa
Küste

el viento
Wind

la selva
Urwald

los animales
Tiere

el desierto
Wüste

la sierra
Gebirge

la montaña
Berg

la vegetación
Vegetation

las ruinas
Ruinen

la cascada
Wasserfall

el bosque
Wald

el volcán
Vulkan

la cueva
Höhle

el río
Fluss

el valle
Tal

Tr. 31

- ¿De dónde eres?
- ◎ Soy de aquí, de Perú, ¿y tú?
- Soy de Alemania. Estoy de viaje en Perú.
- ◎ ¡Qué bien! ¿Cuánto tiempo te quedas aquí?
- Tengo tres semanas para viajar. Después de visitar Lima, voy a Ica y a Arequipa. ¿Me puedes recomendar otros lugares?
- ◎ Sí, claro. Perú tiene muchos lugares bonitos. Tienes que visitar las famosas ruinas de Machu Picchu en el sur de Perú.
- ¡Me gustaría ver estas ruinas! ¿Y qué puedo ver en el norte?
- ◎ En el norte puedes viajar también a la selva. Es increíble... Hay naturaleza salvaje, ríos naturales y muchos animales. Si te interesa la cultura original de Perú, tienes que pasar por unos pueblos andinos. Son más tradicionales y además, en los Andes, el paisaje es muy natural y especial.
- ¡Estupendo! Me gustaría ver todos estos lugares... Muchísimas gracias por tus ideas.

1 Höre dir den Dialog an und kreuze an, welche peruanischen Sehenswürdigkeiten erwähnt werden.

hören

Tr. 31

1. Nazca

2. Arequipa

3. Cuzco

4. la selva

5. Machu Picchu

6. Chan Chan

7. Lima

8. Ica

2 Findest du die passenden Antworten zu den Fragen aus dem Dialog? Verbinde.

1. ¿De dónde eres?	**A** Sí, claro. Tienes que visitar las famosas ruinas de...
2. ¿Me puedes recomendar otros lugares?	**B** En el norte viaja también a la selva.
3. ¿Cuánto tiempo te quedas aquí?	**C** Tengo tres semanas para viajar.
4. ¿Y qué puedo ver en el norte?	**D** Soy de aquí, de Perú.

3 fühlen sehen

In welche Himmelsrichtung verschlägt es dich auf deiner nächsten Reise? Male eine Windrose und beschrifte sie mit den Begriffen aus dem Dialog. Schlage die noch fehlenden Begriffe in einem Wörterbuch nach. Stell dich dann in ein Zimmer deiner Wohnung und gehe von dort aus zuerst in die eine, dann in die anderen Richtungen, während du die Begriffe dazu laut aussprichst.

4 sehen

Auf deinen Reisen durch die spanischsprachige Welt begegnen dir viele verschiedene Landschaften. Welche Begriffe aus dieser Lektion passen am besten zu diesen Bildern?

1. ______________

2. ______________

3. ______________

4. ______________

5. ______________

6. ______________

Die Verben ir (*gehen*) und tener (*haben*)

Diese beiden Verben wirst du häufig brauchen. Sie sind unregelmäßig, präge dir ihre Formen daher gut ein.

yo voy	**nosotros/as** vamos
tu vas	**vosotros/as** vais
él/ella va	**ellos/ellas** van

yo tengo	**nosotros/as** tenemos
tu tienes	**vosotros/as** tenéis
él/ella tiene	**ellos/ellas** tienen

Achtung: **tener que + Infinitiv** bedeutet *müssen*, z.B. **¡Tengo que viajar a Cuba algún día!** *Ich muss irgendwann mal nach Kuba reisen!*

5 Übung macht den Meister! Setze die passenden Formen der Verben **ir** und **tener** ein.

1. ________ (nosotros) a Ecuador para viajar.
2. ________ (ellos) a una discoteca para bailar.
3. ________ (nosotros) que ir a Chile algún día.
4. ________ (yo) la idea de visitar Guatemala.
5. ¿________ (tú) a Panamá con tu familia?

6 **¿A o en?** Ergänze die Sätze mit der richtigen Präposition.

Estoy ________ **1** Lima. Ahora viajo ________ **2** Ica, está ________ **3** el desierto en el sur de Perú. La semana que viene estoy ________ **4** la costa. Voy ________ **5** la playa para bañarme ________ **6** el mar. ¿________ **7** qué lugar estás tú ahora?

Die Präpositionen a und en

ir + a (dynamisch)
estar + en (statisch)

Voy a Perú. *Ich gehe nach Peru.* / **Estoy en Perú**. *Ich bin in Peru.*

7 Jetzt darfst du kreativ sein! Überlege dir eine Zeichnung, die dir hilft, dich an den Unterschied zwischen a und en zu erinnern.

sehen

REZEPT

Papas a la huancaína

PERUANISCHE KARTOFFELN NACH HUANCAYO-ART

Schmecken

Klassische Zutaten peruanischer Rezepte sind Kartoffeln, Mais und Fisch. International bekannte Sterneköche wie Gastón Acurio pflegen alte Traditionen und entwickeln die Küche Perus zugleich weiter, sodass sie auf internationalem Niveau mithalten kann. Das Rezept für die Kartoffeln nach Huancayo-Art stammt der Legende nach vom Ende des 19. Jahrhunderts, als eine Adelige für die Arbeiter kochte, die mit dem Bau der Eisenbahn zwischen Lima und Huancayo beschäftigt waren.

Ingredientes:

8 papas medianas – **250 g** de ricotta – **4** ajíes amarillos (pimientos pequeños y picantes) – **3** galletas de soda – **2 cucharadas** de leche evaporada – pimentón picante – aceite de oliva – sal y pimienta

1. Cocer las papas con o sin la piel. *Die Kartoffeln mit oder ohne Schale kochen.*
2. Triturar el ricotta, los ajíes, las galletas de soda, la leche evaporada y una pizca de pimentón picante. Añadir un poco de aceite de oliva y sazonar con sal y pimienta. *Den Ricotta, die Ajíes, die Salzcracker und eine Prise Chilipulver pürieren. Ein wenig Olivenöl hinzufügen und mit Salz und Pfeffer abschmecken.*
3. Cortar las papas en rodajas y cubrirlas con la salsa fría. *Die Kartoffeln in Scheiben schneiden und mit der kalten Soße bedecken.*

las papas medianas *mittelgroße Kartoffeln*
las galletas de soda *Salzcracker*
la leche evaporada *Kondensmilch*
el pimentón picante *scharfes Paprikapulver*

¿Patatas o papas?

En España se llaman **patatas**, en Latinoamérica son **papas**. En España se llama **zumo**, en Latinoamérica es **jugo** (*Saft*).

El ají

Ají ist eine Chilisorte, die ursprünglich aus Peru stammt. In Deutschland gibt es sie in Supermärkten mit lateinamerikanischen oder asiatischen Produkten. Du kannst sie auch als Paste kaufen.

¡QUÉ BONITO ES VIAJAR! REISEN KANN SO SCHÖN SEIN!

Du willst dich für die großartige Gastfreundschaft auf Reisen bedanken? Sag doch öfter mal, dass du etwas toll findest! In den verschiedenen spanischsprachigen Ländern werden dazu unterschiedliche Ausdrücke benutzt.

LERNTIPP

Wenn du die neuen Wörter mit Bewegungen begleitest, werden sie besser in deinem Gedächtnis verankert. Probier es aus: Stell dich vor den Spiegel und überlege dir eine Bewegung zu jedem Ausdruck.

hören
Tr. 32

- ¡Qué bien! *(überall)*
- ¡Cómo mola! *(Spanien)*
- ¡Qué chévere! *(u.a. Kolumbien, Kuba, Ecuador)*
- ¡Estupendo! *(überall)*
- ¡Qué lindo! *(Lateinamerika)*
- ¡Qué chido! ¡Qué padre! *(Mexiko)*

8 hören Tr. 33

¿Adónde van y qué ven? *Wohin gehen sie und was sehen sie?* Höre den Personen zu und notiere unter dem passenden Foto, in welchem Land sich diese Sehenswürdigkeit befindet. Notiere auch, wie die Sehenswürdigkeit heißt.

1. ____________________

2. ____________________

3. ____________________

4. ____________________

9 Wenn du dir auf Reisen Tipps einholen möchtest, kannst du die folgenden Ausdrücke gut gebrauchen. Höre sie dir mehrmals an und sprich sie nach.

hören

Tr. 34

¿Qué te gustaría ver?	*Was würdest du dir gerne anschauen?*
Me gustaría ver la selva. / Me gustaría viajar a la selva.	*Ich würde gerne den Urwald sehen. / Ich würde gerne in den Urwald reisen.*
¿Qué te interesa?	*Was interessiert dich?*
Me interesa el desierto porque me gustan los paisajes especiales.	*Mich interessiert die Wüste, weil ich besondere Landschaften mag.*
Me interesan las pirámides porque hay una vista espectacular.	*Mich interessieren die Pyramiden, weil man einen spektakulären Ausblick hat.*
¿Me puedes recomendar algo?	*Kannst du mir etwas empfehlen?*
Sí, claro, te puedo recomendar la visita.	*Ja klar, ich kann dir den Besuch empfehlen.*
¡Qué interesante!	*Wie interessant!*

10 **¿Qué te gustaría ver?** Kreuze mögliche Antworten an.

1. ¿Qué te gustaría ver?
- ○ **A** Te gustaría visitar el pueblo.
- ○ **B** Me gustaría ver la cueva.
- ○ **C** Puedo recomendar este mercado.

2. ¿Qué te interesa?
- ○ **A** Me interesa ver la cueva.
- ○ **B** Sí, ¡claro!
- ○ **C** No me interesan los volcanes.

3. ¿Qué me puedes recomendar?
- ○ **A** Tienes que ir al norte del país.
- ○ **B** Me interesa la selva.
- ○ **C** Te recomiendo visitar un pueblo andino.

4. ¿Qué te gustaría visitar?
- ○ **A** No tengo ni idea. ¿Me puedes recomendar algo?
- ○ **B** Me gustaría ver toda la ciudad.
- ○ **C** Sí, porque me gusta la ciudad.

11 Achtung: **Me interesa(n)** funktioniert genau wie **gustar** – seine Form muss zum nachfolgenden Satzteil passen: **Me interesa visitar Perú. / Me interesan muchos países.**

Schreibe nun unter jedes Bild, ob dich die folgenden Dinge und Aktivitäten interessieren: **No me interesa(n)... / Me interesa(n)...**

12

fühlen

Jetzt darfst du auf Reisen durch die spanischsprachige Welt gehen! Beschrifte zuerst die Karte mit den Namen der spanischsprachigen Länder. Erstelle dann eine Reiseroute, indem du die Länder verbindest, die du gerne besuchen möchtest. **Describe por qué te gustan los países y qué puedes ver**. *Beschreibe, warum du dir diese Länder gefallen und was du dort sehen kannst.*

EL ESPAÑOL EN EL MUNDO

Wusstest du, dass Spanisch die am zweithäufigsten gesprochene Muttersprache der Welt ist? Zählt man auch die Zweitsprachler dazu, sprechen sogar über 500 Millionen Menschen Spanisch! Eine bedeutende Zahl an spanischsprachigen Menschen lebt in den USA, wo das Spanische aber keine offizielle Amtssprache ist.

Cuba ⁎ Perú ⁎ Colombia ⁎ Nicaragua ⁎ Argentina ⁎ Bolivia ⁎ Chile ⁎ Costa Rica ⁎ República Dominicana ⁎ Ecuador ⁎ El Salvador ⁎ Guatemala ⁎ Honduras ⁎ México ⁎ Panamá ⁎ Paraguay ⁎ Puerto Rico ⁎ Uruguay ⁎ Venezuela ⁎ Belize

Lösungen

1. Arequipa, la selva, Machu Picchu, Lima, Ica
2. 1. D, 2. A, 3. C, 4. B
4. 1. la cordillera, 2. el desierto, 3. la selva, 4. la cascada, 5. el río, 6. el volcán
5. 1. vamos, 2. van, 3. tenemos, 4. tengo, 5. vas
6. 1. en, 2. a, 3. en, 4. en, 5. a, 6. en, 7. en
8. 1. las pirámides de los mayas en México / 2. playa en el Parque Nacional de Tayrona / 3. selva en Nicaragua / 4. Parque Nacional Torres del Paine en Chile
10. 1. B, 2. AC, 3. AC, 4. AB
11. (No) me interesan las palmeras. / (No) me interesa hacer surf. / (No) me interesan las ruinas. / (No) me interesa la cascada.

Transkriptionen

TR. 31

• ¿De dónde eres?	*Woher kommst du?*
• Soy de aquí, de Perú, ¿y tú?	*Ich komme von hier, aus Peru, und du?*
• Soy de Alemania. Estoy de viaje en Perú.	*Ich komme aus Deutschland. Ich bin auf Reisen in Peru.*
• ¡Qué bien! ¿Cuánto tiempo te quedas aquí?	*Wie schön! Wie lange bleibst du hier?*
• Tengo tres semanas para viajar. Después de visitar Lima, voy a Ica y Arequipa. ¿Me puedes recomendar otros lugares?	*Ich habe drei Wochen zum Reisen. Nachdem ich Lima besucht habe, fahre ich nach Ica und Arequipa. Kannst du mir noch andere Orte empfehlen?*
• Sí, claro. Tienes que visitar las famosas ruinas de Machu Picchu en el sur de Perú.	*Ja, klar. Du musst die berühmten Ruinen von Machu Picchu besuchen.*
• ¡Me gustaría ver estas ruinas! ¿Y qué puedo ver en el norte?	*Diese Ruinen würde ich gerne sehen! Und was kann ich im Norden sehen?*
• En el norte puedes viajar también a la selva. Es increíble... Hay naturaleza salvaje, ríos naturales y muchos animales. Si te interesa la cultura original de Perú, tienes que pasar por unos pueblos andinos. Son más tradicionales y además, en los Andes, el paisaje es muy natural y especial.	*Im Norden kannst du auch in den Urwald reisen. Das ist unglaublich ... Es gibt dort wilde Natur, natürliche Flüsse und viele Tiere. Wenn dich die ursprüngliche Kultur interessiert, solltest du durch einige Andendörfer fahren. Sie sind traditioneller und außerdem ist dort die Landschaft sehr natürlich und besonders.*
• ¡Estupendo! Me gustaría ver todos estos lugares... Muchísimas gracias por tus ideas.	*Toll! Ich würde gerne alle diese Orte sehen ... Vielen Dank für all deine Ideen.*

TR. 33

• ¡Mira, estas pirámides de los Mayas! ¡Qué lindas! Tenemos que subir y ver el paisaje bonito de México.	*Schau mal, diese Maya-Pyramiden! Wie schön! Wir müssen hochsteigen und die schöne Landschaft in Mexiko anschauen.*
• ¿Puedes enviarme una foto de la playa cuando estés en el Parque Nacional de Tayrona? ¡También quiero ir a Colombia algún día!	*Kannst du mir ein Foto vom Strand schicken, wenn du im Nationalpark Tayrona bist? Ich möchte auch eines Tages nach Kolumbien reisen!*
• ¡Me gustaría ver la selva de Nicaragua! Hay muchos animales exóticos y vegetación muy interesante.	*Ich würde gerne den Urwald von Nicaragua sehen. Dort gibt es so viele exotische Tiere und sehr interessante Vegetation.*
• Después de visitar el Valle de la Luna y el Desierto de Atacama, quiero ir al sur de Chile. Ahí me gustaría ver Patagonia con el Parque Nacional Torres del Paine, estas	*Nachdem ich das Valle de la Luna und die Atacama-Wüste besichtigt habe, möchte ich in den Süden von Chile fahren. Dort würde ich gerne Patagonien und den Nationalpark Torres*

montañas tan altas y bonitas.	*del Paine sehen, diese sehr hohen und schönen Berge.*

Lektionswortschatz

el mundo	*Welt*
mi hogar	*mein Zuhause*
las vacaciones	*Ferien*
el viaje	*Reise*
la palmera	*Palme*
hacer surf	*surfen*
el/la campesino/-a	*Bauer / Bäuerin*
la costa	*Küste*
el viento	*Wind*
la selva	*Urwald*
los animales	*Tiere*
el desierto	*Wüste*
la cordillera	*Gebirge*
la montaña	*Berg*
la vegetación	*Vegetation*
las ruinas	*Ruinen*
la cascada	*Wasserfall*
el bosque	*Wald*
el volcán	*Vulkan*
la cueva	*Höhle*
el río	*Fluss*
el valle	*Tal*
estar de viaje	*auf Reisen sein*
el tiempo	*Zeit*
quedar	*bleiben*
la semana	*Woche*
para viajar	*zum Reisen*
voy a	*ich gehe/fahre nach*
recomendar	*empfehlen*
visitar	*besuchen, besichtigen*
me gustaría + inf.	*ich würde gerne*
el norte	*Norden*
viajar	*reisen*
increíble	*unglaublich*
la naturaleza	*Natur*
salvaje	*wild, ursprünglich*
natural	*natürlich*
si	*wenn, falls*
interesar	*interessieren*
la cultura	*Kultur*
el pueblo andino	*Dorf in den Anden*
tener que + inf.	*müssen*
pasar por	*durchfahren*
tradicional	*traditionell*
además	*außerdem*
algún día	*eines Tages*
la discoteca	*Diskothek*
tener la idea de	*die Idee haben zu*
bañarse	*baden*
papas medianas	*mittelgroße Kartoffeln*
pimientos pequeños y picantes	*kleine, scharfe Paprika*
la leche evaporada	*Kondensmilch*
el pimentón picante	*scharfes Chilipulver*
el zumo / jugo	*Saft*
cocer	*kochen*
la piel	*Haut*
triturar	*pürieren*
sazonar	*abschmecken*
cortar en rodajas	*in Scheiben schneiden*
cubrir	*bedecken*
¡Cómo mola!	*Voll cool!*
lindo	*schön, toll*
adonde	*wohin*
¡Mira!	*Schau mal!*
la pirámide	*Pyramide*
subir	*hochsteigen, einsteigen*
enviar	*schicken*
tantos	*so viele*
exótico	*exotisch*
¿Qué te gustaría ver?	*Was würdest du dir gerne anschauen?*
¿Qué te interesa?	*Was interessiert dich?*
me interesa(n)	*mich interessiert (interessieren)*
porque	*weil*
¡Qué interesante!	*Wie interessant!*
No tengo ni idea.	*Ich habe keine Ahnung.*
el país	*Land*
describir	*beschreiben*

De paseo en la ciudad

UNTERWEGS IN DER STADT

sehen Stell dir vor, du läufst durch enge, verwinkelte Gassen, entlang weiß getünchter Mauern. Dein Weg führt über Kopfsteinpflaster, vorbei an prachtvollen Gartenanlagen, Orangenbäumen und den Portalen alter, maurischer Paläste ... Noch heute finden sich in vielen Städten Spaniens Überreste der jahrhundertelangen arabischen Herrschaft. Begib dich in diesem Kapitel auf Spurensuche in Granada und lerne, dich auf Spanisch in einer Stadt zu bewegen.

hören Tr. 35

el casco antiguo
Altstadt

el mirador
Aussichtspunkt

el palacio
Palast

la fortaleza
Festung

el museo
Museum

los baños
Bäder

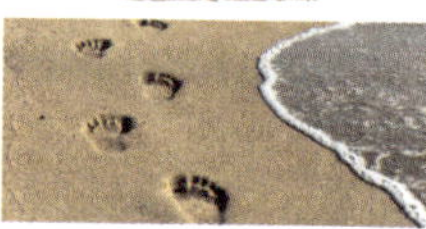

las huellas
Spuren

el edificio
Gebäude

la avenida
Boulevard

el horario
Öffnungszeiten

la hora
Uhrzeit

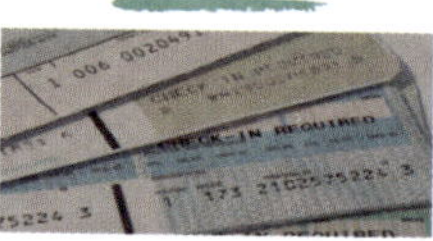

el billete
Ticket, Fahrschein

la torre
Turm

la parada
Haltestelle

la estación
Bahnhof

el autobús
Bus

el tren
Zug

el metro
U-Bahn

el tranvía
Straßenbahn

el camino
Weg

Tr. 36

- ¿Necesitas ayuda?
- Sí, gracias. No sé dónde estoy. Quiero ir a la Alhambra.
- Ah, sí, claro, ¡tienes que ver la Alhambra! Mira, encontrar el camino es fácil. Estamos muy cerca. Vas todo recto 50 metros. Cruzas la avenida grande y giras a la izquierda en la primera calle pequeña. Después de 100 metros giras a la derecha en la segunda calle a la derecha. Ya estás en la calle que te lleva a la entrada de la Alhambra.
- Perfecto, entiendo.
- Bien. ¿Para qué hora tienes la reserva?
- Para las 15:00. ¿Qué hora es?
- Son las 14:00. Tienes suficiente tiempo. Quiero hacer una recomendación personal: desde el mirador San Nicolás tienes una vista maravillosa sobre la fortaleza y la ciudad. No está lejos de la Alhambra. ¡Que disfrutes la visita!
- Muchísimas gracias. ¡Que tengas un buen día!

1 **¿Encuentras el camino a la Alhambra?** *Findest du den Weg zur Alhambra?* Höre dir den Dialog erneut an und markiere im Stadtplan den beschriebenen Weg.

hören

Tr. 36

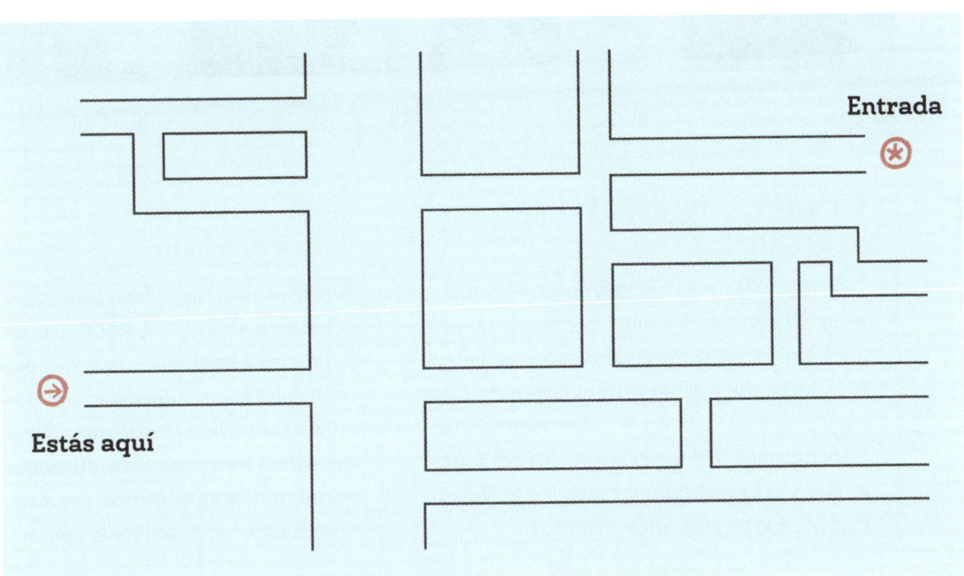

2 sehen

¡Ahora puedes ser creativ@! *Jetzt darfst du kreativ sein!* Entwirf eine passende Zeichnung zu jedem der neuen Ausdrücke im Kasten.

- girar a la izquierda
- girar a la derecha
- cruzar la avenida
- ir/seguir todo recto

3 riechen

¡Goza del paseo por Granada con todos los sentidos! *Genieße deinen Spaziergang durch Granada mit allen Sinnen!* Stell dir vor, du läufst durch enge, verwinkelte Gassen, vorbei an einem Markt und den Ruinen eines arabischen Bades ... Welche der typischen Gerüche magst du? Kreuze sie an und notiere die passenden Begriffe unter den Fotos.

* **romero** *Rosmarin* * **incienso** *Weihrauch* * **geranios** *Geranien* * **agua de rosas** *Rosenwasser* * **canela** *Zimt* * **flor de azahar** *Orangenblüte* * **jengibre** *Ingwer* * **nuez moscada** *Muskatnuss*

1. ____________

2. ____________

3. ____________

4. ____________

5. ____________

6. ____________

7. ____________

8. ____________

DIE ARABISCHE HERRSCHAFT IN SPANIEN

Zwischen 711 und 1492 herrschten maurische Stämme in Spanien, bis die Spanier auch die letzte maurische Festung, die wunderschöne Alhambra in Granada, zurückerobert hatten. An die sogenannte **Reconquista** (*Rückeroberung*) wird heute in einigen Comunidades durch das Volksfest **Moros y cristianos** erinnert.

SPUREN DER ARABER IN DER SPRACHE

Wusstest du, dass der spanische Wortschatz zu etwa 20 % auf das arabische Erbe zurückgeht? Wörter wie **ojalá** (*hoffentlich*) und **almohada** (*Kopfkissen*) sind arabischen Ursprungs. Auch andalusische Ortsnamen wie **Almería** (*Wachturm*) und **Guadalquivir** (*großer Fluss*) stammen vom Arabischen ab.

Verben mit Vokalveränderungen

Verben wie **poder** (*können*), **pensar** (*denken*) und **seguir** (*folgen*) verändern in einigen Formen ihre Stammvokale.

o → ue	e → ie	e → i
poder	**pensar**	**seguir**
puedo	**pienso**	**sigo**
puedes	**piensas**	**sigues**
puede	**piensa**	**sigue**
podemos	**pensamos**	**seguimos**
podéis	**pensáis**	**seguís**
pueden	**piensan**	**siguen**
✱ genauso: mostrar *zeigen* volver *zurückkehren*	✱ genauso: empezar *beginnen* querer *wollen*	✱ genauso: pedir *bitten* reír *lachen*

4 Überprüfe, ob du die Bildung dieser Formen verstanden hast und setze die fehlenden Formen ein.

1. ¿Me ____________ *(poder, usted)* mostrar el camino?
2. El paseo por la ciudad ____________ *(empezar)* aquí.
3. ____________ *(volver, nosotros)* a las siete de la noche.
4. No me gustan los museos, ¡____________ *(poder, tú)* ir sin mí!
5. ____________ *(seguir, vosotros)* todo recto unos metros.

5 Hier haben sich einige Formen der beiden Verben **querer** (*wollen*) und **volver** (*zurückkehren*) versteckt. Finde sie und notiere auch die fehlenden Formen.

V	O	L	V	E	M	O	S
I	M	F	U	M	A	I	L
Q	U	I	E	R	E	N	O
V	U	E	L	V	E	S	R
C	W	V	V	G	H	E	E
P	A	X	O	T	E	L	I
N	S	C	I	H	X	E	U
G	S	I	E	R	E	U	Q

REZEPT

Arroz con leche

MILCHREIS

Schmecken

Reis gab es erstmals in Spanien, nachdem die arabischen Herrscher ihn im 10. Jh. n.Chr. importierten. Kaum zu glauben, dass man damals spezielle Bewässerungssysteme entwarf, um den Reis in der trockenen Umgebung anbauen zu können. Auch heute noch produziert Spanien diese leckeren Körner. Kein Wunder, denn sie sind die wichtigste Zutat in klassischen Gerichten wie der Paella oder dem Milchreis.

Ingredientes:

1 taza de arroz - **1 taza** de agua - **4 tazas** de leche - **1 trozo** de la cáscara de limón - **1** canela en rama - **2 cucharadas** de azúcar - canela molida

1. Cocer el arroz en una cacerola con la leche, un trozo entero de la cáscara del limón y la canela en rama. Asegurarse de que no hierve completamente. Removerlo cada 5 minutos. *Den Reis mit der Milch, dem Stück Zitronenschale und der Zimtstange in einem Topf zum Kochen bringen. Bei sehr schwacher Hitze köcheln lassen, alle fünf Minuten umrühren.*
2. Después de 30 minutos agregar el azúcar y removerlo bien para disolverlo. Dejar cocer 10 minutos más. Quitar el limón y la canela. *Nach 30 Minuten den Zucker hinzufügen und rühren, bis er sich auflöst. Noch zehn Minuten kochen lassen. Die Zitronenschale und die Zimtstange entfernen.*
3. Espolvorear con un poco de canela molida. Dejarlo enfriar durante la noche. *Mit ein wenig gemahlenem Zimt bestreuen. Über Nacht abkühlen lassen.*

la taza *Tasse*
el arroz *Reis*
un trozo de la cáscara *ein Stück Schale*
la canela en rama *Zimtstange*
el azúcar *Zucker*
la canela molida *gemahlener Zimt*

Tipp

Um den Milchreis besonders cremig zu machen, kann am Ende ein Stück Butter hinzugefügt werden. Gut schmeckt es, wenn die Milch viel Fett enthält.

¿A qué hora...? – Die Uhrzeit beschreiben

Um über die Uhrzeit zu sprechen, hast du im Spanischen zwei Möglichkeiten:

¿Qué hora es? *Wieviel Uhr ist es?*
Es la una. / Son las dos. *Es ist eins/zwei.*

¿A qué hora...? *Um wieviel Uhr ...?*
A la una. / A las dos. *Um eins/zwei.*

09:00	las nueve
13:00	la una
09:15	las nueve **y cuarto**
10:30	las once **y media**
11:45	las doce **menos cuarto**
13:53	las dos **menos siete**

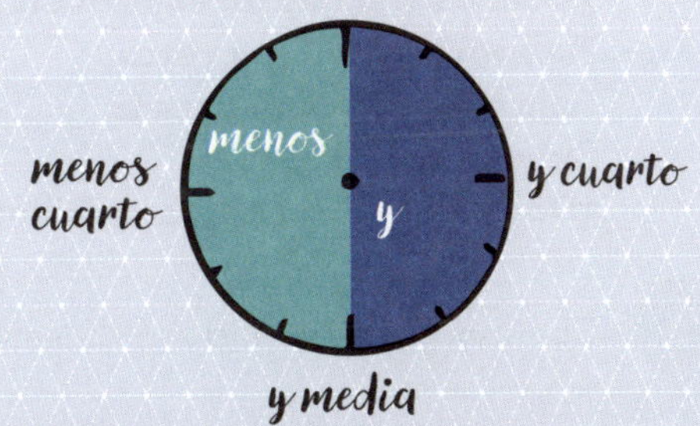

Die Uhrzeit wird im Alltag mit den Zahlen von 1 bis 12 ausgedrückt. Um die Tageszeit anzugeben, fügst du hinzu: **de la mañana** (*morgens*), **del mediodía** (*mittags*), **de la tarde** (*nachmittags*), **de la noche** (*abends, bis Mitternacht*), **de la madrugada** (*nachts, nach Mitternacht*). In förmlichen Kontexten (Fahrpläne, Wissenschaft etc.) können auch die Zahlen von 13 bis 24 genutzt werden, zum Beispiel: 17:04 - **Son las diecisiete horas y cuatro minutos.**

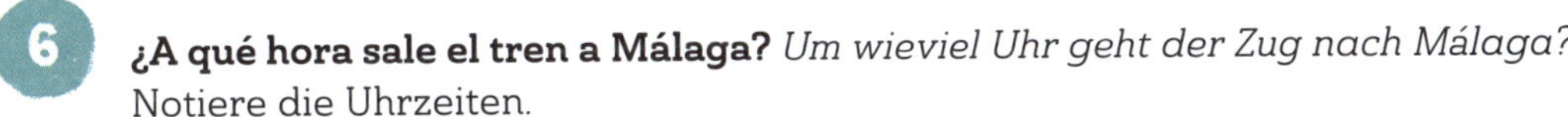

6 **¿A qué hora sale el tren a Málaga?** *Um wieviel Uhr geht der Zug nach Málaga?* Notiere die Uhrzeiten.

1. 14:30: a las ____________
2. 11:16: ____________
3. 8:10: ____________
4. 16:55: ____________
5. 18:15: ____________
6. 10:40: ____________

7 Nun kannst du hören, wann diese Sehenswürdigkeiten geöffnet haben. Notiere die Öffnungszeiten für den Winter und den Sommer.

Tr. 37

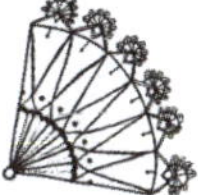

A La Alhambra

____

____

B El Bañuelo

____

____

C El Palacio de la Madraza

____

____

8 Mit diesen zusätzlichen Ausdrücken bist du perfekt für deinen Weg durch eine spanische Stadt ausgestattet. Höre sie dir an und sprich sie dir laut vor.

hören

Tr. 38

Disculpe. / Perdón.	*Entschuldigung.*
¿Me puede describir el camino a la Alhambra?	*Können Sie mir den Weg zur Alhambra beschreiben?*
¿Dónde está/hay un supermercado?	*Wo ist / gibt es einen Supermarkt?*
No está lejos. / Está cerca.	*Es ist nicht weit. / Es ist in der Nähe.*
Baja en la próxima parada.	*Steig an der nächsten Haltestelle aus.*
Sube a la línea roja.	*Nimm die rote Linie.*
¿Dónde puedo comprar un billete?	*Wo kann ich ein Ticket kaufen?*

9 Übe nun die Verwendung dieser Ausdrücke. Ordne sie richtig zu.

1. Disculpe.	___ **A** Son solo unos metros.
2. Quiero ir al supermercado.	___ **B** ¿Me puede ayudar?.
3. ¿Está lejos?	___ **C** Baja en la próxima parada.
4. Necesito tomar el tranvía pero no sé qué línea.	___ **D** ¿Me puede describir el camino al supermercado?
5. ¿Dónde tengo que bajar del tren?	___ **E** Sube a la línea roja.

10 **¿Cómo prefieres moverte por la ciudad?** *Wie bewegst du dich am liebsten durch die Stadt?* Notiere die passenden Begriffe unter den Fotos.

sehen

ir en bici * ir en tren * ir en bus * ir en metro * ir en tranvía * ir a pie

1. ______________

2. ______________

3. ______________

4. ______________

5. ______________

6. ______________

fühlen

Y ahora... ¡muévete! *Und nun ... beweg dich ein bisschen!* Geh nach und nach durch alle Zimmer deiner Wohnung und beschreibe dabei, was du tust. Achte auf die richtige Endung für die erste Person: **Voy... / Sigo... / Giro...**

Wenn du dich das nächste Mal auf den Weg zur Arbeit oder zum Supermarkt machst, beschreibe deinen Weg. Male ihn dir anschließend auf und beschrifte deine Zeichnung mit den Ausdrücken.

Voy todo recto...

... después giro a la izquierda...

... cruzo la plaza y sigo todo recto...

N

... y giro a la derecha.

... giro en la segunda calle a la izquierda.

... giro en la primera calle a la derecha.

Lösungen

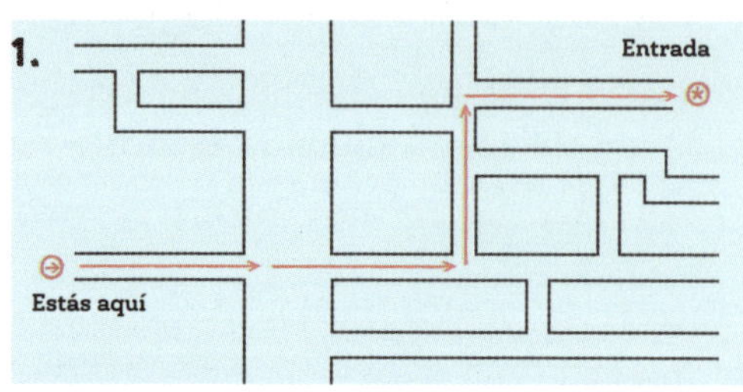

3. 1. flor de azahar, 2. jengibre, 3. canela, 4. nuez moscada, 5. romero, 6. geranios, 7. incienso, 8. agua de rosas
4. 1. puede, 2. empieza, 3. volvemos, 4. puedes, 5. seguís
5. waagerecht: quiere, queréis, quieren, vuelves, vuelve, volvemos; senkrecht: quiero, vuelvo; weitere Formen: quieres, queremos, volvéis, vuelven
6. 1. 14:30 a las dos y media; 2. 11:16 a las once y dieciséis; 3. 8:10 a las ocho y diez; 4. 16:55 a las cinco menos cinco; 5. 18:15 a las seis y cuarto; 6. 10:40 a las once menos veinte
7. A (Alhambra): invierno 8:30-18:00, verano 8:30-20:00; B (Bañuelo): invierno 10:00-17:00, verano 9:00-14:30 y 17:00-20:30; C (Palacio de la Madraza): verano 10:00-20:00, invierno 10:00-19:00
9. 1. B, 2. D, 3. A, 4. E, 5. C
10. 1. ir en bus, 2. ir en bici, 3. ir en tranvía, 4. ir en metro, 5. ir a pie, 6. ir en tren

Transkriptionen

TR. 36
Übersetzung des Einstiegsdialogs:

- *Brauchst du Hilfe?*
- *Ja, danke. Ich weiß nicht, wo ich hier bin. Ich möchte gerne zur Alhambra.*
- *Ah ja, die Alhambra musst du dir anschauen! Schau mal, der Weg dorthin ist leicht zu finden. Wir sind ganz in der Nähe. Du gehst noch 50 Meter geradeaus und überquerst den Boulevard und biegst in die erste kleine Straße auf der linken Seite ein. Nach 100 Metern biegst du rechts ab, in die zweite Straße. Jetzt bist du schon in der Straße, die dich zum Eingang der Alhambra führt.*
- *Super, ich verstehe.*
- *Gut. Für wieviel Uhr hast du reserviert?*
- *Für 15 Uhr. Wieviel Uhr ist es jetzt?*
- *Es ist 14 Uhr. Du hast genügend Zeit. Ich möchte dir noch eine persönliche Empfehlung geben: Vom Aussichtspunkt San Nicolás hast du einen wunderschönen Blick über die Festung und die Stadt. Es ist nicht weit von der Alhambra. Genieß deinen Besuch!*
- *Vielen Dank. Hab einen schönen Tag!*

TR. 37

• A: ¡Bienvenidos a la Alhambra! Descubre un mundo maravilloso. Para una visita privada, estamos abiertos entre las 8:30 de la mañana y las 18:00 de la tarde en invierno. En verano es posible visitar la Alhambra desde las 8:30 hasta las 20:00.	*Willkommen in der Alhambra! Entdecke eine wunderbare Welt. Für einen individuellen Besuch haben wir im Winter zwischen 8:30 morgens und 18:00 abends geöffnet. Im Sommer ist ein Besuch zwischen 8:30 morgens und 20:00 Uhr abends möglich.*
• B: Descubre el Bañuelo, un baño antiguo árabe. Ven y explora este lugar original de la época árabe. Es posible visitarlo todos los días entre septiembre y abril de las 10:00 de la mañana a las 17:00 de la noche. En verano está abierto todos los días de la semana de las 9:00 de la mañana a las 14:30 de la tarde y de las 17:00 a 20:30 de la noche.	*B: Entdecke das Bañuelo, ein altes arabisches Bad. Komm und erkunde diesen usprünglichen Ort aus der Zeit der Araber. Du kannst uns zwischen September und April täglich von 10:00 morgens bis 17:00 abends besuchen. Im Sommer haben wir täglich von 9:00 morgens bis 14:30 nachmittags und von 17:00 nachmittags bis 20:30 abends geöffnet.*
• C: La antigua escuela musulmana, el Palacio de la Madraza, está abierta de las 10:00 de la mañana a las 20:00 de la noche en verano y de las 10:00 de la mañana a las 19:00 de la noche en invierno.	*C: Die alte muslimische Schule, der Palacio de la Madraza, hat im Sommer zwischen 10:00 morgens und 20:00 Uhr abends und im Winter zwischen 10:00 morgens und 19:00 abends Uhr geöffnet.*

Lektionswortschatz

el casco antiguo	*Altstadt*
el mirador	*Aussichtspunkt*
el palacio	*Palast*
la fortaleza	*Festung*
el museo	*Museum*
los baños	*Bäder*
las huellas	*Spuren*
el edificio	*Gebäude*
la avenida	*Boulevard*
el horario	*Öffnungszeiten*
la hora	*Uhrzeit*
el billete	*Fahrschein*
la torre	*Turm*
la parada	*Haltestelle*
la estación (principal)	*(Haupt-)Bahnhof*
el autobús	*Bus*
el tren	*Zug*
el metro	*U-Bahn*
el tranvía	*Straßenbahn*
el camino	*Weg*
necesitar	*brauchen*
la ayuda	*Hilfe*
encontrar (encuentro)	*finden*
estar cerca/lejos	*nah/weit weg sein*
ir (voy) todo recto	*weiter geradeaus gehen*
cruzar la avenida	*den Boulevard überqueren*
girar a la izquierda	*nach links abbiegen*
en la primera calle	*in die erste Straße*
girar a la derecha	*nach rechts abbiegen*
ya	*schon*
llevar a alguien	*jdn. hinführen*
la entrada	*Eingang*
entender (entiendo)	*verstehen*
tener una reserva	*eine Reservierung haben*
¿Qué hora es?	*Wieviel Uhr ist es?*
suficiente	*genug*
desde	*von*
la recomendación	*Empfehlung*
la vista	*Sicht*
maravilloso/-a	*wunderbar*
¡Que disfrutes la visita!	*Genieß den Besuch!*
¡Que tengas un buen día!	*Hab einen schönen Tag!*
prepárate	*mach dich bereit*
seguir (sigo) todo recto	*weiter geradeaus gehen*
por	*durch (räumlich)*
poder (puedo)	*können*
mostrar (muestro)	*zeigen*
volver (vuelvo)	*zurückkehren*
pensar (pienso)	*denken*
empezar (empiezo)	*beginnen*
pedir (pido)	*bitten*
reír (río)	*lachen*
Es la... / Son las...	*Es ist ... Uhr.*
¿A qué hora...?	*Um wieviel Uhr?*
a la... / las...	*um ... Uhr*
de la mañana	*morgens*
del mediodía	*mittags*
de la tarde	*nachmittags*
de la noche	*abends (bis Mitternacht)*
de la madrugada	*nachts (nach Mitternacht)*
salir (el tren)	*losfahren (Zug)*
el invierno	*Winter*
el verano	*Sommer*
descubrir	*entdecken*
desde ... hasta	*von ... bis*
ven y explora	*komm und entdecke*
antiguo/-a	*alt*
Disculpe. / Perdón.	*Entschuldigen Sie.*
¿Dónde está / hay...?	*Wo ist / gibt es ...?*
bajar	*aussteigen*
próximo/a	*nächste/r*
subir	*einsteigen*
la línea roja	*rote Linie*
comprar	*kaufen*
ir en bici / tren	*mit dem Fahrrad / Zug fahren*
ir a pie	*zu Fuß laufen*
¡Muévete!	*Beweg dich!*

Un hotel para quedarse

EIN HOTEL ZUM VERWEILEN

Sehen

Stell dir vor, du spazierst durch üppige, grüne Vegetation und blickst hinunter auf geschwungene, kleine Buchten mit hellen Sandstränden und klarem, dunkelblauem Wasser. An der grünen Küste Nordspaniens lässt es sich hervorragend Urlaub machen. Wie sieht deine perfekte Unterkunft dort aus und wie kannst du sie auf Spanisch buchen? All das lernst du in dieser Lektion.

Hören
Tr. 39

el alojamiento
Unterkunft

el apartamento
Wohnung

la habitación
Zimmer

los muebles
Möbel

la cama
Bett

el armario
Kleiderschrank

el escritorio
Schreibtisch

la silla
Stuhl

la mesa
Tisch

la estantería
Regal

el espejo
Spiegel

el sofá
Sofa

el sillón
Sessel

el dormitorio
Schlafzimmer

el salón
Wohnzimmer

el balcón
Balkon

el baño
Badezimmer

la cocina
Küche

las escaleras
Treppe

el ascensor
Aufzug

Tr. 40

- ¿Dígame?
- ◎ Sí, ¡buenas tardes! ¿Es el hotel Estrella de Pontevedra?
- Sí, es correcto. ¿Cómo le puedo ayudar?
- ◎ Llamo para preguntar si tiene una habitación disponible para este viernes, el 11 de mayo. Me quedo dos noches.
- ¿Para una persona?
- ◎ Sí, llego sola. ¿Cuánto es una habitación con una cama?
- Una habitación con balcón son 55 €.
- ◎ Muy bien. Entonces me gustaría reservar una habitación con balcón.
- Está bien.
- ◎ Me llamo Gabriela Hernández. Ah, tengo otra pregunta... ¿Está incluido el desayuno?
- Sí, por supuesto. El desayuno es en nuestra bonita terraza, cada mañana desde las 8 hasta las 11.
- ◎ Estupendo. ¡Muchas gracias!
- Gracias por llamar. ¡Hasta pronto!

1 **¡Aquí me quedo!** *Hier bleibe ich!* Erschließe dir die Bedeutung der Ausdrücke aus dem Dialog.

1. ¿Dígame?
2. Llamo para preguntar si...
3. Me quedo dos noches.
4. Me gustaría reservar una habitación.

A Ich bleibe für zwei Nächte.
B Ja bitte?
C Ich rufe an, um zu fragen, ob ...
D Ich würde gerne ein Zimmer reservieren.

2 **Un hotel que te invita a quedarte...** *Ein Hotel, das zum Verweilen einlädt ...* Kannst du die Lücken füllen?

* terraza * tenemos disponibles * está incluido * está * hacer una reserva * camas

Nuestro hotel ______ 1 en la costa gallega, en el norte de España. ______ 2 habitaciones con una o dos ______ 3. El desayuno ______ 4 y se sirve en la bonita ______ 5. Para ______ 6, puedes llamarnos.

hören

Tr. 41

Du mischst dich gerne mal ein? Das ist gut, denn jetzt darfst du einen Dialog führen! Höre dir die Fragen an und wähle die passenden Antworten aus der Box. Sprich sie dir laut vor.

- Quiero una habitación doble / individual.
- Llego el ... (día / fecha)
- Me llamo...
- Llamo para preguntar si hay una habitación disponible.
- Hola, ¡buenas tardes!
- Sí, el desayuno está incluido.

riechen

hören

sehen

schmecken

¡Por fin vacaciones! *Endlich Urlaub!* Auf der Terrasse deines Hotels wird dein Essen serviert – mit Blick auf die grüne, nordspanische Küste. Nimm wahr, was du dort riechen, hören, sehen und schmecken kannst und notiere die passenden Begriffe.

⁎ **hojas de pino** *(Piniennadeln)* ⁎ **ostras** *(Austern)* ⁎ **olas del mar** *(Wellen des Meeres)* ⁎ **café** ⁎ **zumo de naranja** ⁎ **mejillones** *(Miesmuscheln)*

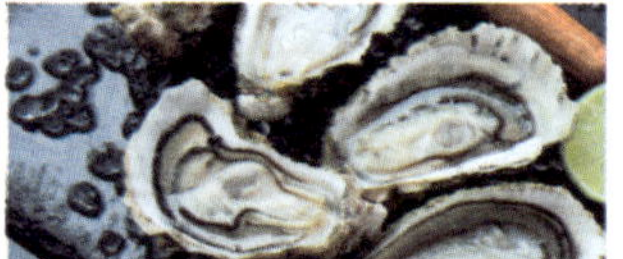

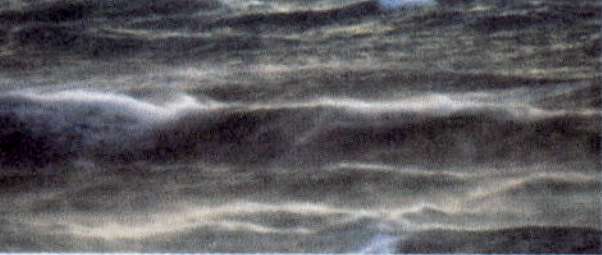

1. ______________ **2.** ______________ **3.** ______________

4. ______________ **5.** ______________ **6.** ______________

LOS MESES – DIE MONATE

⁎ enero ⁎ febrero ⁎ marzo ⁎ abril ⁎ mayo ⁎ junio ⁎ julio ⁎ agosto ⁎ septiembre ⁎ octubre ⁎ noviembre ⁎ diciembre

LOS DÍAS DE LA SEMANA – DIE WOCHENTAGE

⁎ lunes ⁎ martes ⁎ miércoles ⁎ jueves ⁎ viernes ⁎ sábado ⁎ domingo

DAS DATUM AUF SPANISCH ANGEBEN

Man schreibt: 28-1-2022 oder 28/1/2022. Man sagt: **Hoy es el 28 de enero de 2023. / Llego el 28 de enero de 2023. (2023 = dos mil veintitrés)**

⁎ Achtung: Der 1. jeden Monats heißt **primero**: **Hoy es el primero de enero de 2023.**

Muy, mucho y poco: ¡Es muy fácil!

Wie du in dieser Überschrift schon erkennen kannst, wird **muy** mit Adjektiven wie **fácil** benutzt, um auszudrücken, dass etwas *sehr einfach/schön/interessant* usw. ist.

Mucho *viel* und **poco** *wenig* verwendest du mit Substantiven. Sie werden dann an das Substantiv angeglichen, genau wie in diesen Beispielen:

mucho ruido *viel Lärm*	**muchos hombres** *viele Männer*	**mucha gente** *viele Leute*	**muchas mujeres** *viele Frauen*

Ausnahmen: **mucho mejor/peor** - *viel besser/schlechter*, **mucho más/menos** - *viel mehr/weniger*

5 **¿Muy, mucho o poco?** Du musst dich entscheiden!

En este hotel hay ____________ 1 habitaciones disponibles. Aquí en la costa no hay ____________ 2 ruido, sólo durante el desayuno, cuando hay ____________ 3 personas en la terraza. La gente aquí es ____________ 4 amable y la comida es ____________ 5 rica. No hay ____________ 6 turistas (m.) aquí y en la playa hay muy ____________ 7 gente (f. sing.). Conozco ____________ 8 lugares tranquilos. Aquí todo es ____________ 9 bonito.

6 **¡Muy buen viaje!** *Gute Reise!* Teile deinem Hotel deine Ankunft mit: **Llego el ... a las...** *Ich komme am ... um ... Uhr an.*

24-4-2023, 15:00 Uhr	1-6-2023, 12:00 Uhr	17-12-2023, 17:00 Uhr
____________	____________	____________
____________	____________	____________

LA GENTE – DIE LEUTE

Aufgepasst, **la gente** *Leute* ist im Spanischen Singular!

REZEPT

Pimientos de Padrón

GRÜNE PAPRIKA AUS GALICIEN

Schmecken

Diese kleinen, grünen Paprika sind zwar zu einer international beliebten und bekannten Tapas geworden, stammen jedoch ursprünglich aus Padrón, einem kleinen Dorf im Westen Galiciens. Es handelt sich um die unreifen Früchte der Sorte Capsicum annuum, die durch unterschiedliche Düngung verschiedene Schärfegrade erreichen kann. Sie werden vor allem rund um das Dorf Padrón angebaut.

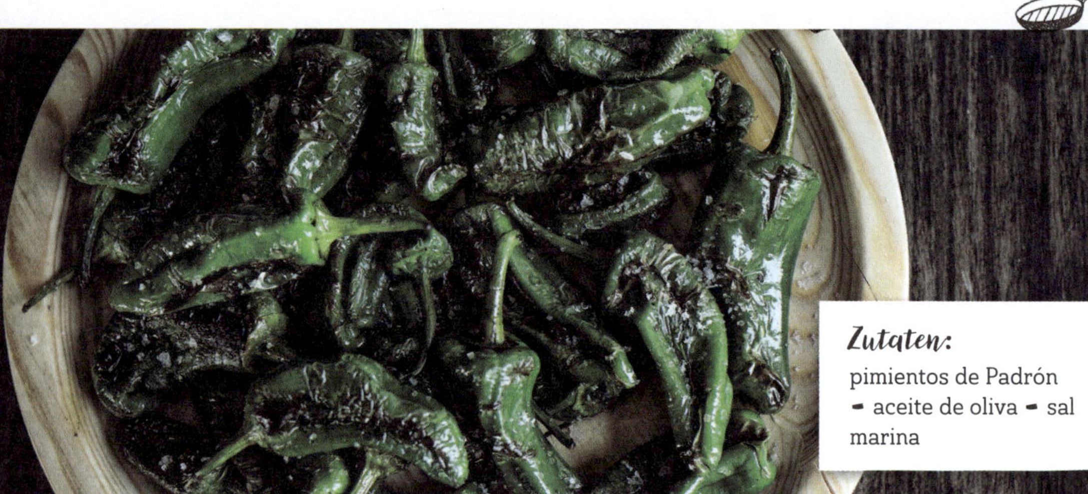

Zutaten:

pimientos de Padrón • aceite de oliva • sal marina

1. Lavar los pimientos y secarlos. *Die Paprika waschen und abtrocknen.*
2. Freírlos unos minutos a fuego fuerte en una sartén con aceite de oliva. Removerlos hasta que tengan un color dorado. *Die Paprika einige Minuten lang mit Olivenöl in der Pfanne anbraten und wenden, bis die Haut gebräunt ist.*
3. Ponerlos sobre papel absorbente y espolvorear con mucha sal marina encima. *Auf Küchenpapier abtrocknen lassen und mit reichlich Meersalz bestreuen.*

---

los pimientos de Padrón *galicische Paprika*
sal marina *Meersalz*

Herzlich willkommen in Deutschland!

Die kleinen grünen Paprika gibt es mittlerweile auch in vielen deutschen Supermärkten zu kaufen. Du solltest deshalb nicht auf andere Sorten ausweichen, denn die galicische Spezialität hat einen ganz besonderen Geschmack.

Für das perfekte Gelingen

Um Fettspritzer zu vermeiden, empfiehlt es sich, die Pfanne mit einem Deckel abzudecken. Du solltest die Pfanne während des Bratens häufiger schwenken, damit die leckeren Paprika von allen Seiten gleichmäßig braun werden. Mit dem Meersalz solltest du am Ende nicht sparen!

7 Ein gemütliches Hotelzimmer im Urlaub ist schon die halbe Miete ... Welche Gegenstände oder Möbelstücke brauchst du in einem Hotelzimmer, um entspannt Urlaub zu machen? Umkreise in drei unterschiedlichen Farben diejenigen Dinge, die dir sehr wichtig / ein wenig wichtig / nicht so wichtig sind.

8 Die kleinen galicischen Paprika namens Pimientos de Padrón kennst du bereits aus dem Rezept. Beschreibe, wo sie sich jeweils befinden.

sehen

- dentro de *in (drin)*
- encima de *auf*
- detrás de *hinter*
- delante de *vor*
- al lado de *neben*
- debajo de *unter*
- entre *zwischen*

Achtung: **del** + **el** = **del**

Formuliere: **El pimiento está ... del armario / de la cama / ...**

9

hören

Tr. 42

Wenn du länger in Spanien bleiben möchtest, reicht ein Hotelzimmer vielleicht nicht aus. Mit den folgenden Ausdrücken findest du auch eine passende Wohnung. Höre zu und sprich nach.

Me gustaría alquilar un apartamento.	*Ich würde gerne eine Wohnung mieten.*
¿Cuántas habitaciones tiene este apartamento?	*Wie viele Zimmer hat diese Wohnung?*
¿Cuánto es el alquiler?	*Wie hoch ist die Miete?*
¿Tiene el piso wifi?	*Hat die Wohnung WLAN?*

10

Kannst du die folgenden Begriffe für die Zimmer einer Wohnung selbst zuordnen? Verbinde.

1. el salón	**A** Esszimmer
2. el despacho	**B** Schlafzimmer
3. el dormitorio	**C** Wohnzimmer
4. la cocina	**D** Büro
5. el baño	**E** Badezimmer
6. el comedor	**F** Flur
7. el pasillo	**G** Küche

11

hören

Tr. 43

Welche Wohnung wird hier beschrieben? Höre zu und notiere A, B und C auf dem passenden Bild.

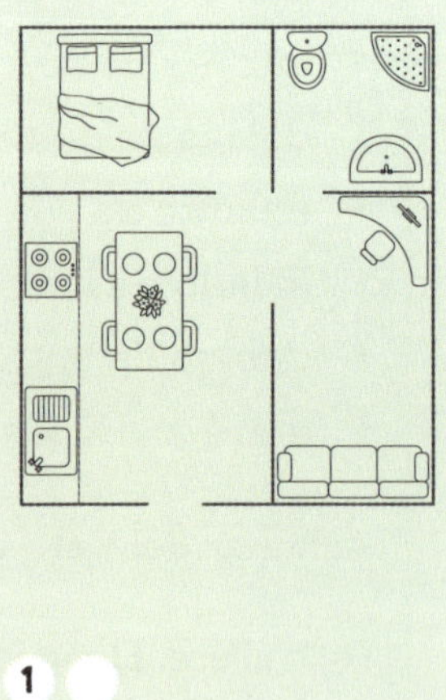

1

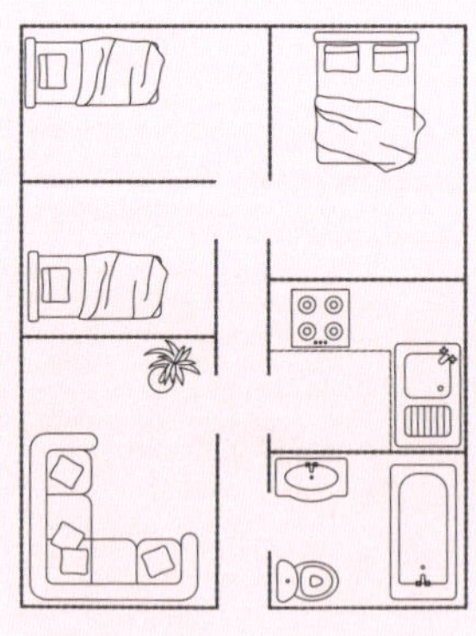

2

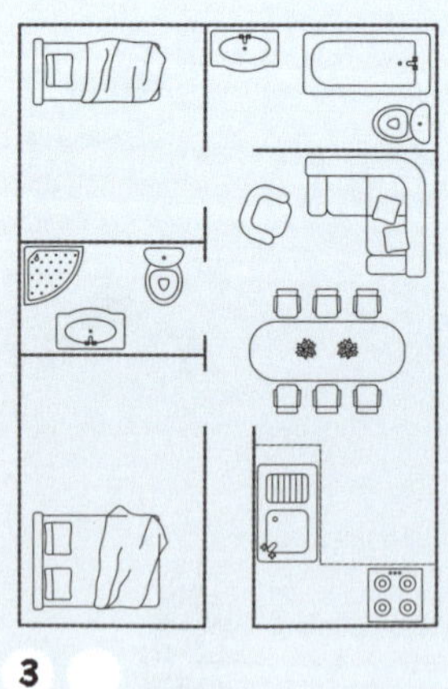

3

12 **Fühlen**

¡Preparados los lápices, listos, ya! *Auf die Stifte, fertig, los!* Stelle dir dein Traumhaus oder vielleicht auch dein Traumhotel vor und male den Grundriss auf. Beschrifte anschließend die Zeichnung. Zeichne auch einige Gegenstände ein, die du in dieser Lektion auf Spanisch gelernt hast. Denke dir dann auch einen Außenbereich aus: Liegt dein Haus oder Hotel direkt am Strand oder gibt es einen üppigen, grünen Garten?

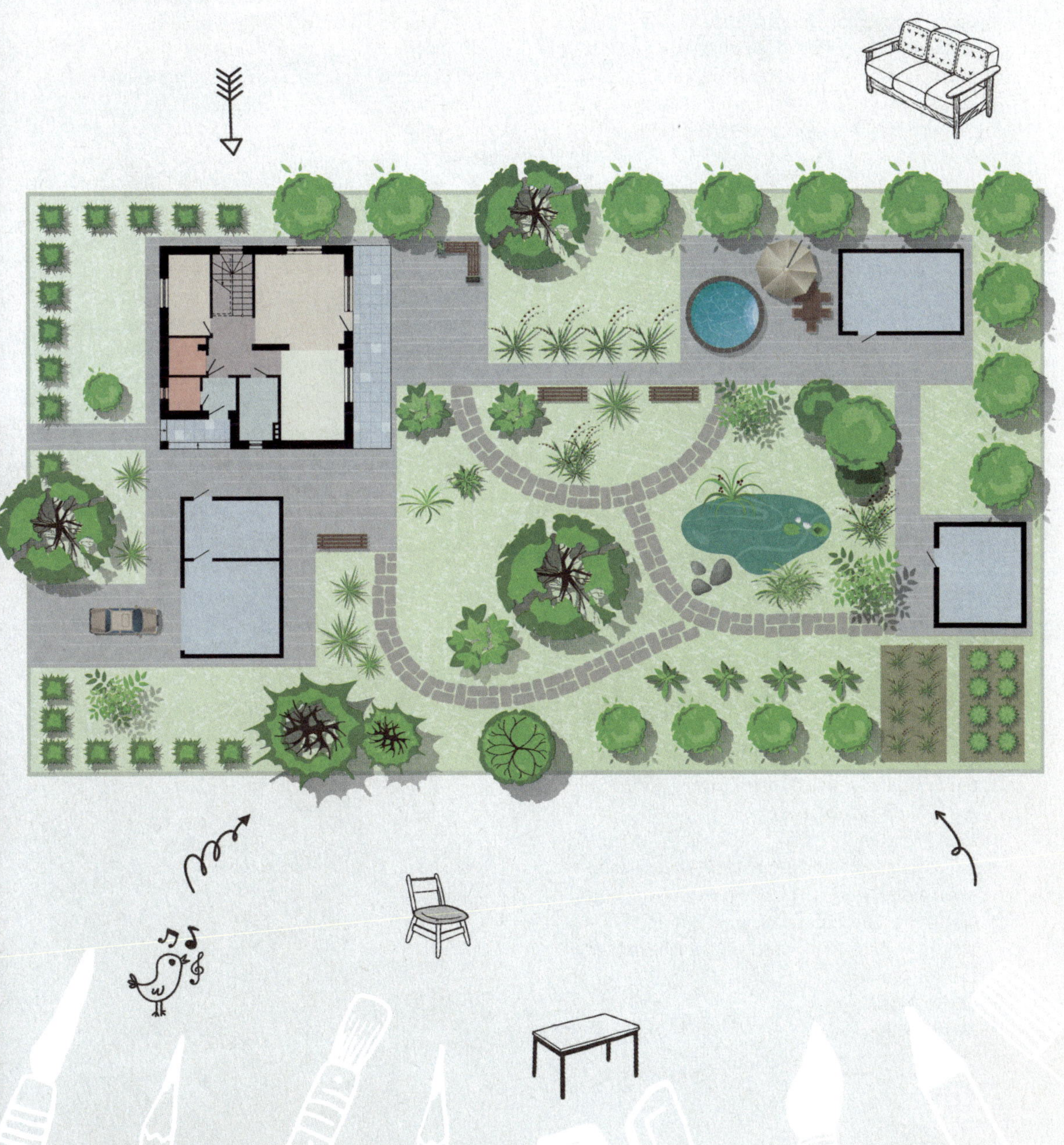

Lösungen

1. 1. B, 2. C, 3. A, 4. D
2. 1. está, 2. tenemos disponibles, 3. camas, 4. está incluido, 5. terraza, 6. hacer una reserva
3. 1. Hola..., 2. Llamo para..., 3. Llego..., 4. Quiero..., 5. Me llamo..., 6. Sí, el desayuno...
4. 1. ostras, 2. olas del mar, 3. sol, 4. zumo de naranja, 5. hojas de pinos, 6. café
5. 1. muchas, 2. mucho, 3. muchas, 4. muy, 5. muy, 6. muchos, 7. poca, 8. pocos, 9. muy
6. Llego el ... veinticuatro de abril a las tres. / ... primero de junio a las doce. / ... diecisiete de diciembre a las cinco.
8. 1. dentro del armario, 2. encima del sillón, 3. detrás de la mesa, 4. delante del espejo, 5. al lado de la planta, 6. debajo de la silla
10. 1. C, 2. D, 3. B, 4. G, 5. E, 6. A, 7. F
11. 1. B, 2. C, 3. A

Transkriptionen

TR. 40

- *Ja bitte?*
- *Ja, guten Nachmittag. Ist dort das Hotel Estrella de Pontevedra?*
- *Ja, das stimmt. Wie kann ich Ihnen helfen?*
- *Ich rufe an, um zu fragen, ob es noch ein freies Zimmer für diesen Freitag, den 11. Mai gibt. Ich bleibe für zwei Nächte.*
- *Für eine Person?*
- *Ja, ich komme alleine. Wieviel kostet ein Zimmer mit einem Bett?*
- *Ein Zimmer mit Balkon kostet 55 €.*
- *Sehr gut. Dann würde ich gerne ein Zimmer mit Balkon reservieren.*
- *Kein Problem.*
- *Ich heiße Gabriela Hernández. Ah, ich habe noch eine Frage ... Ist das Frühstück inklusive?*
- *Natürlich. Das Frühstück wird auf unserer schönen Terrasse serviert, jeden Morgen von 8 bis 11 Uhr.*
- *Super. Vielen Dank!*
- *Danke für den Anruf. Bis bald!*

TR. 41

• ¿Dígame?	*Ja bitte?*
• ¿Cómo le puedo ayudar?	*Wie kann ich Ihnen helfen?*
• ¿Qué día llega?	*Wann kommen Sie an?*
• ¿Quiere una habitación doble o individual?	*Möchten Sie ein Einzel- oder ein Doppelzimmer?*
• ¿Me puedes decir tu nombre?	*Me llamo Stefanie Weber.*
• ¿Está incluido el desayuno?	*Ist das Frühstück inklusive?*

TR. 43

• A: Este apartamento tiene dos dormitorios y un salón muy grande. La cocina está en el salón. No hay un despacho, pero hay dos baños.	*Diese Wohnung hat zwei Schlafzimmer und ein sehr großes Wohnzimmer. Die Küche ist im Wohnzimmer. Es gibt kein Büro, aber zwei Bäder.*
• B: En este apartamento hay una cocina muy grande que sirve también de comedor. Cuando entras, estás directamente en la cocina, no hay pasillo. Hay un dormitorio, un baño y un salón.	*B: In dieser Wohnung gibt es eine sehr große Küche, die auch als Esszimmer dient. Wenn man hereinkommt, ist man direkt in der Küche, es gibt keinen Flur. Es gibt ein Schlafzimmer.*
• C: Hay una cocina, un salón, tres dormitorios y un baño. El salón es pequeño.	*C: Es gibt eine Küche, ein Wohnzimmer, drei Schlafzimmer und ein Badezimmer. Das Wohnzimmer ist klein.*

Lektionswortschatz

quedarse	*bleiben, verweilen*
el alojamiento	*Unterkunft*
el apartamento	*Wohnung*
la habitación	*Zimmer*
los muebles	*Möbel*
la cama	*Bett*
el armario	*Kleiderschrank*
el escritorio	*Schreibtisch*
la silla	*Stuhl*
la mesa	*Tisch*
la estantería	*Regal*
el espejo	*Spiegel*
el sofá	*Sofa*
el sillón	*Sessel*
el dormitorio	*Schlafzimmer*
el salón	*Wohnzimmer*
el balcón	*Balkon*
el baño	*Badezimmer*
la cocina	*Küche*
las escaleras	*Treppen*
el ascensor	*Aufzug*
¿Dígame?	*Ja bitte? (Telefon)*
ayudar	*helfen*
preguntar	*fragen*
tener disponible	*zur Verfügung haben*
llegar	*ankommen*
solo/-a	*alleine*
reservar	*reservieren*
estar incluido	*inklusive sein*
el desayuno	*Frühstück*
por supuesto	*natürlich, sicher*
gallego/-a	*galicisch*
se sirve	*wird serviert*
por fin	*endlich*
las hojas de pino	*Piniennadeln*
las ostras	*Austern*
las olas del mar	*Wellen des Meeres*
los mejillones	*Miesmuscheln*
enero	*Januar*
febrero	*Februar*
marzo	*März*
abril	*April*
mayo	*Mai*
junio	*Juni*
julio	*Juli*
agosto	*August*
septiembre	*September*
octubre	*Oktober*
noviembre	*November*
diciembre	*Dezember*
lunes	*Montag*
martes	*März*
miércoles	*Mittwoch*
jueves	*Donnerstag*
viernes	*Freitag*
sábado	*Samstag*
domingo	*Sonntag*
mucho peor	*viel schlechter*
mucho más	*viel mehr*
mucho menos	*viel weniger*
durante (+ sust.)	*während (+ Subst.)*
los turistas	*Touristen*
tranquilo/-a	*ruhig*
¡Buen viaje!	*Gute Reise!*
la planta	*Pflanze*
la tele(visión)	*Fernseher*
la ducha	*Dusche*
el lavabo	*Waschbecken*
la bañera	*Badewanne*
el baño privado	*eigenes Badezimmer*
dentro de	*in (drin)*
encima de	*auf*
detrás de	*hinter*
delante de	*vor*
al lado de	*neben*
debajo de	*unter*
entre	*zwischen*
el despacho	*Büro*
el comedor	*Esszimmer*
el pasillo	*Flur*
el lápiz	*Bleistift, Buntstift*

¡Haz lo que te apetezca!

TU, WAS DIR GEFÄLLT!

sehen

Eine leichte Brise streicht über dein Gesicht. Feine Sandkörner rieseln über deine Füße, während du am Strand Yoga machst. Für den nächsten Tag hast du dir vorgenommen, surfen zu gehen und am Abend lernst du, Flamenco zu tanzen. Wie wäre es, genau so deinen nächsten Urlaub zu verbringen? In diesem Kapitel entführen wir dich in die Welt der Entspannung und des Sports und ganz nebenbei lernst du, über deine Hobbys und Vorlieben zu sprechen.

hören
Tr. 44

relajarse
sich entspannen

nadar
schwimmen

correr
laufen, joggen

hacer senderismo
wandern

montar en bici
Fahrrad fahren

montar a caballo
reiten

pintar
malen

pescar
angeln

tocar un instrumento
ein Instrument spielen

tomar fotos
fotografieren

ver la tele
Fernsehen gucken

ir al cine
ins Kino gehen

leer un libro
ein Buch lesen

escuchar música
Musik hören

jugar al tenis
Tennis spielen

ir de compras
shoppen

escalar
klettern

hacer kayak
Kajak fahren

patinar en línea
Inlineskaten

trabajar en el jardín
gärtnern

Tr. 45

- Mira, este es nuestro rocódromo. Aquí son las clases de escalada. ¿A ti te gusta escalar?
- ◎ Bueno... no me gusta mucho. Me gustaría más relajarme aquí.
- Claro, lo entiendo. Ahí en esa sala al final del pasillo son las clases de yoga. Si el tiempo lo permite, vamos afuera, a la playa.
- ◎ ¡Qué bonito!
- Si te gusta estar afuera, hay actividades más activas: puedes hacer surf, nadar, correr, montar en bici o montar a caballo en la playa. Si te gusta algo más tranquilo: vemos películas por la noche o pintamos.
- ◎ ¡Me parece muy bien! Seguramente voy a encontrar algo para mí.

1 Höre dir den Dialog noch einmal an und kreuze an, welche Aktivitäten genannt werden. Notiere anschließend unter jedem Bild den passenden Begriff.

hören
Tr. 45
sehen

1. ______ 2. ______ 3. ______

4. ______ 5. ______ 6. ______

7. ______ 8. ______ 9. ______

2 **¡Hay tantas opciones para ser activo!** *Es gibt so viele Möglichkeiten, aktiv zu sein!* Ordne die folgenden Aktivitäten in die beiden Kategorien ein: **Deportes y outdoor**, **Arte y creatividad.** Überlege dann, welche dieser Aktivitäten du am liebsten machst und notiere neben jedem Begriff eine Zahl zwischen 1 (sehr gerne) und 10 (nicht so gerne).

* cantar
* hacer senderismo
* correr
* escuchar música
* montar en bici
* pintar
* hacer yoga
* leer un libro
* jugar al tenis
* cocinar
* tocar un instrumento
* nadar
* montar a caballo
* trabajar en el jardín
* bailar
* tomar fotos

Deportes y outdoor	Arte y creatividad

3 fühlen

¡Y ahora quítate las pantuflas! *Und nun raus aus den Pantoffeln!* Überlege dir eine typische Bewegung für die oben genannten Aktivitäten. Führe diese Bewegung mehrfach aus, während du die Ausdrücke laut aussprichst.

LERNTIPP: LERNEN MIT BEWEGUNG

Wenn du dich beim Lernen bewegst, hilfst du deinem Gedächtnis dabei, die Wörter zu behalten! Lade dir die Audiodateien dieser oder anderer Lektionen auf dein Handy und höre sie dir an, während du spazieren gehst oder joggst. Du kannst auch eigene Texte einsprechen, die du mit nach draußen nimmst.

4 hören Tr. 46

¿Qué oyes? *Was hörst du?* Notiere die passenden Aktivitäten auf Spanisch.

1. ____________ 2. ____________

3. ____________ 4. ____________

5. ____________ 6. ____________

El futuro próximo – Die Zukunftszeit im Spanischen

Um über Pläne und Vorhaben in der Zukunft zu sprechen, kannst du die folgende Konstruktion benutzen: **ir a + Infinitiv**

Voy **Vas** **Va** **Vamos** **Vais** **Van**	**a**	**bailar salsa.** **hacer surf.** **leer un libro.** **...**	*Ich werde ...* *Du wirst ...* *Er/sie/es wird ...* *Wir werden ...* *Ihr werdet ...* *Sie werden ...*

5 **¿Qué van a hacer?** *Was werden sie tun?* Vervollständige diese Urlaubsvorhaben.

Mañana primero ______________ **1 (nadar, nosotros)** en en el mar. Por la tarde ______________ **2 (jugar al tenis, yo)** mientras que mi marido ______________ **3 (hacer senderismo, él)**. Mis hijos ______________ **4 (escalar, ellos)**. La semana que viene ______________ **5 (ser, nosotros)** muy deportistas también: yo ______________ **6 (participar)** en la clase de baile y mi marido y mi hijo ______________ **7 (hacer kayak, ellos)**. Mi hija ______________ **8 (correr, ella)** y después, ______________ **9 (relajarse, ella)**.

6 Hier ist etwas durcheinander geraten! Notiere die Sätze in der richtigen Reihenfolge.

1. ¿Qué ✲ próximas vacaciones? ✲ vais ✲ hacer ✲ vuestras ✲ a ✲ en

____

2. a ✲ vas ✲ Tú ✲ ir ✲ a ✲ conmigo ✲ la clase de baile.

____

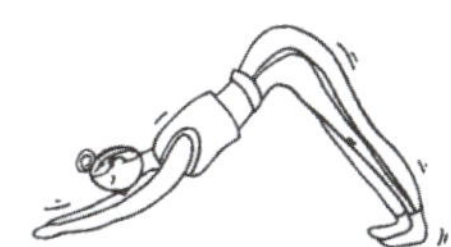

REZEPT

Tapa de gambas al ajillo

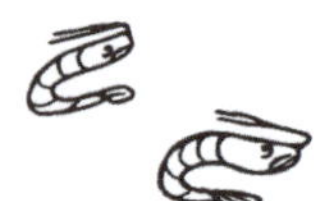

TAPAS: GAMBAS IN KNOBLAUCHÖL

Schmecken

Zur weltberühmten spanischen Gastronomie gehören die bunten Tapas, kleine Portionen aus verschiedenen Sorten spanischer Gerichte. Tapas werden kalt oder warm als Appetithäppchen zu Wein oder anderen Getränken gegessen, und zwar zu Hause, bei Freunden oder in einer spanischen Bar. **Gambas al ajillo** ist eine dieser beliebten Kleinigkeiten. Sie schmeckt im Winter wie auch im Sommer.

Ingredientes:

6 cucharadas de aceite de oliva - **5** dientes de ajo - **5** guindillas - **400 g** de gambas peladas - **20 g** de perejil picado - sal y pimienta

1. Llenar dos cazuelas pequeñas con el aceite de oliva y ponerlas en el horno precalentado a 200 grados. *Zwei kleine Tonschalen mit Olivenöl füllen und in den vorgeheizten Backofen (200 Grad) stellen.*
2. Cortar el ajo en rodajas finas. Cuando el aceite esté caliente, añadir el ajo, las guindillas y las gambas. *Die Knoblauchzehen in dünne Scheiben schneiden. Wenn das Olivenöl heiß ist, den Knoblauch zusammen mit den Chilischoten und den Garnelen ins Öl geben.*
3. Cuando las gambas tengan un color rosa, quitar las cazuelas del horno, sazonar con sal y pimienta y espolvorear por encima perejil. *Wenn die Garnelen eine rosarote Farbe annehmen, die Tonschalen aus dem Backofen herausnehmen, mit Salz und Pfeffer abschmecken und die Petersilie darüber streuen.*
4. Servir las gambas calientes en las cazuelas. *Die heißen Gambas in den Tonschalen servieren.*

las gambas peladas *geschälte Garnelen*
el perejil picado *gehackte Petersilie*
la guindilla *Chilischote (spezielle Sorte)*

Los verbos reflexivos – Die reflexiven Verben

Das reflexive Verb **relajarse** hast du bereits im Dialog dieser Lektion kennengelernt. Wenn du reflexive Verben im Satz verwendest, stellst du das passende Pronomen vor das konjugierte Verb:

me	**relajo**	*ich entspanne mich*
te	**relajas**	*du entspannst dich*
se	**relaja**	*er/sie/es entspannt sich*
nos	**relajamos**	*wir entspannen uns*
os	**relajáis**	*ihr entspannt euch*
se	**relajan**	*sie entspannen sich*

Achtung: Steht das reflexive Verb im Infinitiv, gibt es zwei Möglichkeiten für die Stellung des Pronomens: **Me voy a relajar. / Voy a relajarme esta noche.**

Weitere häufig auftauchende reflexive Verben sind **levantarse** (*aufstehen*), **interesarse** (*sich interessieren*), **alegrarse** (*sich freuen*), **casarse** (*heiraten*), **acordarse** (*sich erinnern*), **enamorarse** (*sich verlieben*) und **divertirse** (*Spaß haben, sich vergnügen*).

7 Setze die passenden Reflexivpronomen und Verbformen ein.

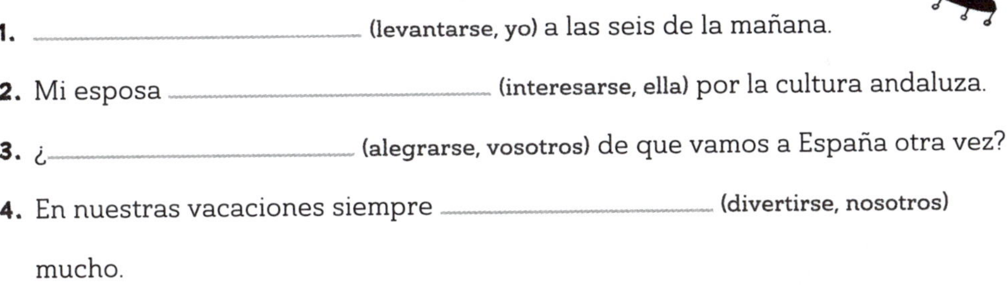

1. ______________ (levantarse, yo) a las seis de la mañana.

2. Mi esposa ______________ (interesarse, ella) por la cultura andaluza.

3. ¿______________ (alegrarse, vosotros) de que vamos a España otra vez?

4. En nuestras vacaciones siempre ______________ (divertirse, nosotros) mucho.

5. ¿______________ (acordarse, tú) de las vacaciones pasadas?

8 **¿Cuáles son tus pasatiempos?**
Was sind deine Hobbys?
Beschreibe, welche Aktivitäten du häufiger oder weniger häufig machst und nutze dafür die Adverbien aus dem Kasten:

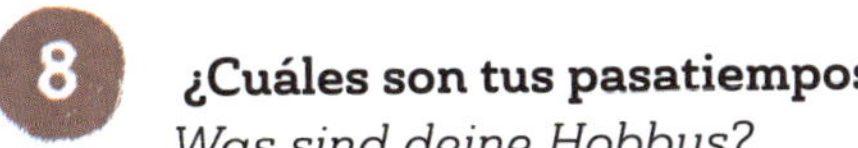

Nunca hago kayak, pero a veces...

- **siempre** *immer*
- **muchas veces** *oft*
- **a veces** *manchmal*
- **una vez / dos veces al mes** *einmal / zweimal im Monat*
- **raras veces** *selten*
- **nunca** *nie*

9 hören Tr. 47

¡Pruébalo! *Probier es doch mal aus!* Sprich über deine Lieblingssportarten und das, was du gerne einmal ausprobieren würdest. Höre zu und sprich nach.

Quiero apuntarme a la clase de baile.	*Ich möchte mich für die Tanzstunde anmelden.*
Quiero probar hacer kayak.	*Ich möchte das Kajakfahren ausprobieren.*
Me gustaría aprender a escalar.	*Ich würde gerne klettern lernen.*
Mi pasatiempo es jugar al tenis.	*Mein Hobby ist Tennis spielen.*
Patinar en línea es muy divertido.	*Inlineskaten macht Spaß.*
¿Te apuntas?	*Machst du mit?*
¡Me apunto!	*Ich mache mit!*
¿A quién le toca?	*Wer ist dran?*
Me toca a mí. / Te toca a ti.	*Ich bin dran. / Du bist dran.*

10 hören Tr. 48

¡Ahora te toca a ti! *Jetzt bist du dran!* Höre die Fragen an und antworte mündlich mithilfe der oben angegebenen Antworten. Ersetze im zweiten Durchgang die vorgegebenen Aktivitäten durch deine eigenen Präferenzen, wo es passt.

11

¿Cómo es un día de vacaciones a tu gusto? *Wie sieht ein Urlaubstag nach deinem Geschmack aus?* Plane, welche Aktivitäten du und deine Mitreisenden in eurem nächsten Urlaub unternehmen werdet: **Vamos a...**

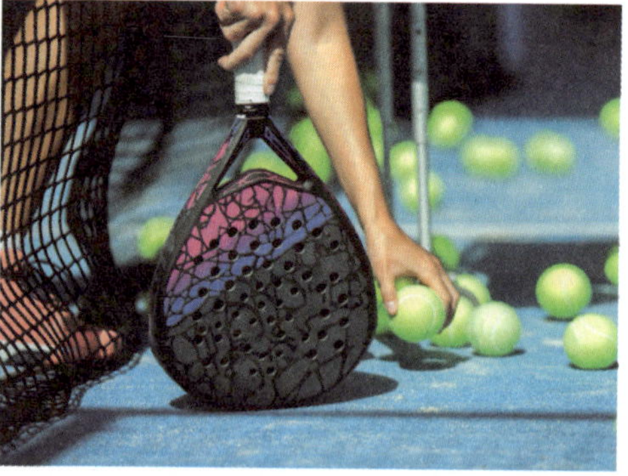

SPORT IN SPANIEN

Fitness und Fußball zählen zu den beliebtesten Sportarten der Spanier. Klar, die Teams Real Madrid und FC Barcelona haben sich international schon längst einen Namen gemacht. Eine in Deutschland weniger bekannte, aber in Spanien beliebte Sportart ist das Padel-Tennis (**el pádel**), eine Kombination aus Tennis und Squash.

Bastel dir zum Üben des neuen Wortschatzes dieser Lektion aus einem Blatt Papier einen Freizeitwürfel! Pause zuerst die Umrisse des Würfels ab oder drucke dir die Vorlage aus, die du auf **www.pons.de/mitallensinnen** findest. Schneide sie aus und knicke die Würfelseiten an den Linien. Beschrifte jede Seite des Würfels mit zwei Freizeitbeschäftigungen und klebe ihn an den Laschen zusammen.

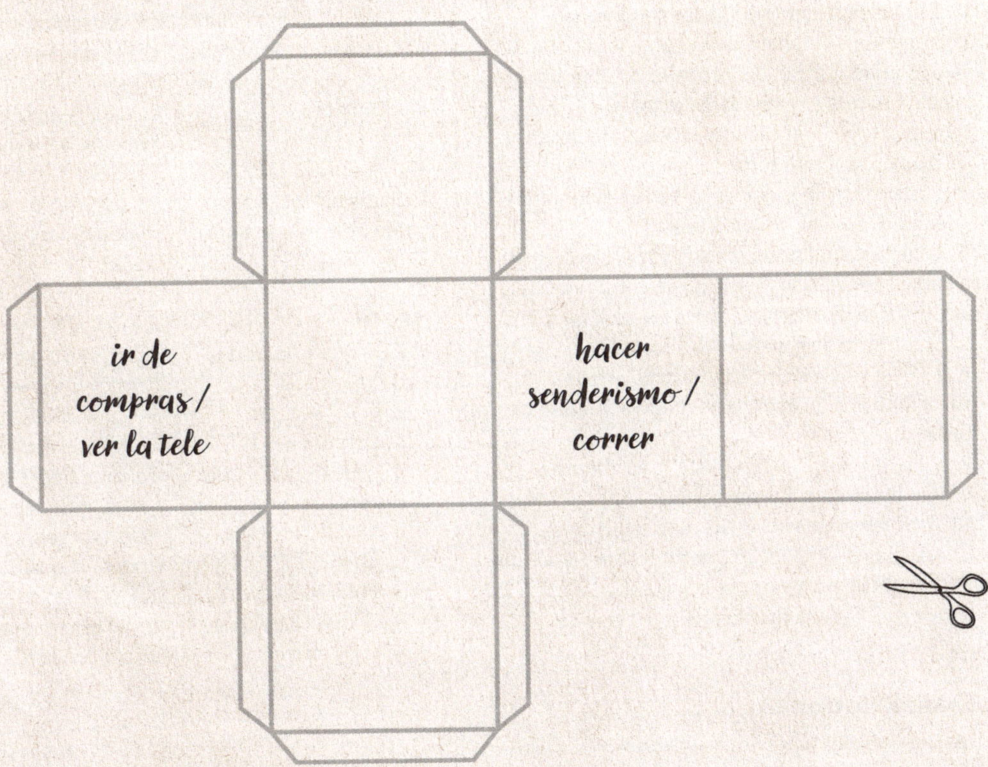

Und so kannst du üben: Wirf deinen gebastelten Würfel sowie einen zweiten Würfel mit den Augenzahlen von 1 bis 6. Je nach Zahl (1 = **yo**, 2 = **tú** usw.) und gewürfelter Aktivität bildest du Sätze: **Voy al cine y voy de compras.**

Du kannst diese Übung variieren, indem du sowohl Sätze im Präsens als auch in der Zukunftszeit bildest: **Voy a ir al cine y voy a ir de compras.**

Lösungen

1. actividades del diálogo: 1. nadar, 2. montar a caballo, 4. escalar, 5. pintar, 6. correr, 9. relajarse / otras actividades: 3. hacer senderismo, 7. leer un libro, 8. hacer kayak
2. Deportes & Outdoor: hacer senderismo, correr, montar en bici, hacer yoga, jugar al tenis, nadar, montar a caballo, trabajar en el jardín, bailar / Arte & Creatividad: cantar, escuchar música, pintar, leer un libro, cocinar, tocar un instrumento, tomar fotos
4. 1. hacer kayak, 2. correr, 3. bailar, 4. montar a caballo, 5. escalar, 6. ver la tele
5. 1. vamos a nadar, 2. voy a jugar al tenis, 3. va a hacer senderismo, 4. van a escalar, 5. vamos a ser, 6. voy a participar, 7. van a hacer kayak, 8. va a correr, 9. va a relajarse
6. 1. ¿Qué vais a hacer en vuestras próximas vacaciones? 2. Tú vas a ir conmigo a la clase de baile.
7. 1. me levanto, 2. se interesa, 3. os alegráis, 4. nos divertimos, 5. te acuerdas
10. 1. Sí, me gustaría... / No, no me gustaría... 2. ... es muy divertido. 3. Quiero probar... 4. Sí, me apunto. / No, no me apunto. 5. Me toca a mí. / Te toca a ti. 6. Quiero apuntarme a la clase de...

Transkriptionen

TR. 45

- Mira, este es nuestro rocódromo. Aquí son las clases de escalada. ¿A ti te gusta escalar? — *Schau mal, dies ist unsere Kletterhalle. Hier findet der Kletterunterricht statt. Kletterst du gerne?*
- Bueno... no me gusta mucho. Me gustaría más relajarme aquí. — *Naja... das mache ich nicht so gerne. Ich möchte mich hier eher entspannen.*
- Claro, lo entiendo. Ahí en esa sala al final del pasillo son las clases de yoga. Si el tiempo lo permite, vamos afuera, a la playa. — *Klar, das verstehe ich. Dort, in diesem Raum am Ende des Flurs findet der Yoga-Unterricht statt. Wenn das Wetter es zulässt, gehen wir raus, an den Strand.*
- ¡Qué bonito! — *Wie schön!*
- Si te gusta estar afuera, hay actividades más activas: puedes hacer surf, nadar, correr, montar en bici o montar a caballo en la playa. Si te gusta algo más tranquilo: Vemos películas por la noche o pintamos. — *Wenn du gerne draußen bist, gibt es andere Aktivitäten. Du kannst surfen, schwimmen, joggen, Fahrrad fahren oder am Strand reiten. Wenn du es etwas ruhiger magst: Wir schauen uns abends Filme an oder malen.*
- ¡Me parece muy bien! Seguramente voy a encontrar algo para mí. — *Das hört sich super an! Ich werde bestimmt etwas für mich finden.*

TR. 48

- 1. ¡Te gustaría aprender a escalar? — *Würdest du gerne klettern lernen?*
- 2. ¿Qué deporte es divertido para ti? — *Welcher Sport macht dir am meisten Spaß?*
- 3. ¿Qué deporte quieres probar? — *Welchen Sport würdest du gerne ausprobieren?*
- 4. ¿Te apuntas? — *Machst du mit?*
- 5. ¿A quién le toca? — *Wer ist dran?*
- 6. ¿A qué clase quieres apuntarte? — *Für welchen Unterricht möchtest du dich anmelden?*

Lektionswortschatz

relajarse	*sich entspannen*
nadar	*schwimmen*
correr	*laufen, joggen*
caminar	*wandern, gehen*
montar en bici	*Fahrrad fahren*
montar a caballo	*reiten*
pintar	*malen*
pescar	*angeln*
tocar un instrumento	*ein Instrument spielen*
tomar fotos	*fotografieren*
ver la tele	*Fernsehen gucken*
ir al cine	*ins Kino gehen*
leer un libro	*ein Buch lesen*
escuchar música	*Musik hören*
jugar al tenis	*Tennis spielen*
ir de compras	*shoppen*
escalar	*klettern*
hacer kayak	*Kajak fahren*
patinar en línea	*skaten*
trabajar en el jardín	*gärtnern*
el rocódromo	*Kletterhalle*
la clase de escalada	*Kletterunterricht*
ahí	*dort (drüben)*
la sala	*Raum, Saal*
al final de	*am Ende*
el tiempo	*Wetter*
permitir	*erlauben*
afuera	*draußen*
seguramente	*sicherlich*
activo/a	*aktiv*
cocinar	*kochen*
quitar	*ausziehen*
las pantuflas	*Pantoffeln*
escuchar	*hören, zuhören*
el futuro	*Zukunft*
primero	*zuerst, erstens*
mientras que	*während*
el marido	*Ehemann*
la semana que viene	*in der nächsten Woche*
deportista	*sportlich*
las próximas vacaciones	*nächste Ferien*
conmigo	*mit mir*
las gambas peladas	*geschälte Garnelen*
el perejil picado	*gehackte Petersilie*
la guindilla	*spezielle Chilisorte*
levantarse	*aufstehen*
interesarse por	*sich interessieren für*
alegrarse	*sich freuen*
casarse	*heiraten*
acordarse de	*sich erinnern an*
enamorarse de	*sich verlieben in*
divertirse	*sich vergnügen, Spaß haben*
muchas veces	*oft*
a veces	*manchmal*
una vez al mes	*einmal pro Monat*
dos veces al mes	*zweimal pro Monat*
raras veces	*selten*
nunca	*nie*
apuntarse	*sich anmelden*
probar	*ausprobieren*
aprender a hacer algo	*lernen, etw. zu tun*
el pasatiempo	*Hobby*
¿A quién le toca?	*Wer ist dran?*
Me toca a mí.	*Ich bin dran.*
Te toca a ti.	*Du bist dran.*
a tu gusto	*nach deinem Geschmack*
el pádel	*Padel-Tennis*

Al buen tiempo, buena cara

GUTES WETTER, GUTE LAUNE

sehen

Im Frühling auf dem berühmten Jakobsweg zu wandern ist eine ganz besondere Erfahrung. Das Wetter ist angenehm, die Natur grünt und blüht, die Vögel zwitschern. Unterwegs lernst du Pilgernde aus der ganzen Welt kennen. Begleite uns in dieser Lektion ein Stück auf diesem besonderen Weg und lerne dabei ganz nebenbei, das Wetter auf Spanisch zu beschreiben.

hören
Tr. 49

el tiempo
Wetter

el pronóstico del tiempo
Wettervorhersage

el frío
Kälte

el calor
Hitze

seco/a
trocken

húmedo/a
feucht

la lluvia
Regen

la nieve
Schnee

la niebla
Nebel

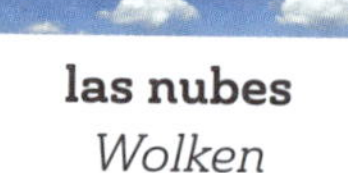

las nubes
Wolken

las estrellas
Sterne

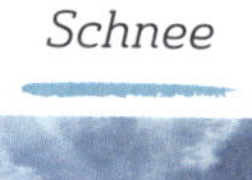

el cielo
Himmel

el relámpago
Blitz

el trueno
Donner

el paraguas
Regenschirm

el impermeable
Regenmantel

el/la peregrino/a
Pilger/in

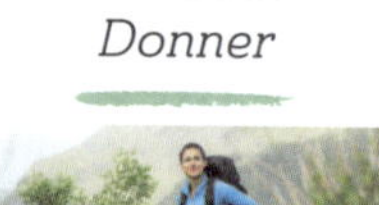

caminar
laufen, wandern

el albergue
Herberge

las botas de senderismo
Wanderschuhe

Tr. 50

- ¿Caminamos juntos un rato?
- Con mucho gusto. ¿Estás haciendo el Camino también?
- Sí, estoy en mi segunda etapa y me encanta.
- Con este tiempo es perfecto, ¿no? No hace mucho calor pero tampoco hace mucho frío. No está lloviendo, hace mucho sol.
- Es verdad. ¿Sabes qué tiempo va a hacer esta tarde?
- Sí, aquí está el pronóstico del tiempo: Va a llover un poco. Pero bueno... tampoco va a hacer mucho frío. Hace 25 grados ahora.
- Bueno... Si va a llover necesito comprarme un impermeable. Te dejo aquí para pasar por este pueblo.
- Bien. ¡Que tengas un buen día entonces! Y ¡buen camino!
- A ti también. ¡Buen camino!

1 Höre dir den Dialog an und entscheide, ob die folgenden Aussagen richtig oder falsch sind.

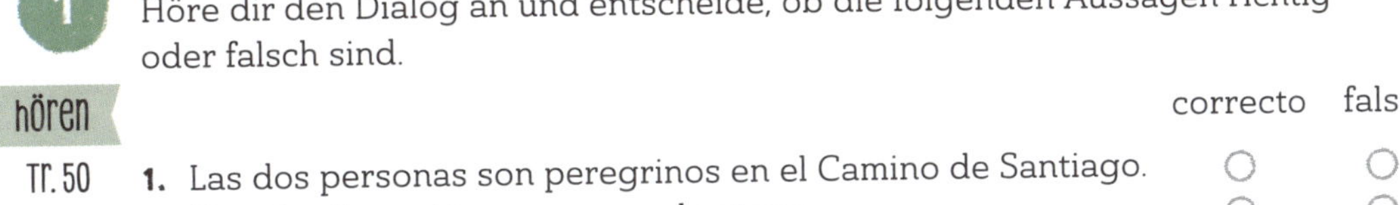

hören

Tr. 50

	correcto	falso
1. Las dos personas son peregrinos en el Camino de Santiago.	○	○
2. Uno de ellos está en su segunda etapa.	○	○
3. El tiempo no les gusta porque hace mucho calor.	○	○
4. Por la tarde el tiempo no va a cambiar.	○	○
5. Uno de ellos quiere comprarse un impermeable.	○	○

¡BUEN CAMINO!

Für Pilgerinnen und Pilger auf dem Camino gehört es zum guten Ton, sich stets **¡Buen camino!** (*Einen guten Weg!*) zu wünschen. Wer sich diesen Spruch einprägt, kann sich leicht merken, dass **bueno** vor männlichen Substantiven verkürzt wird.

Genauso verhalten sich zum Beispiel auch die folgenden Adjektive:

- **malo/a (un mal ejemplo)**
- **primero/a (el primer hijo)**
- **tercero/a (su tercer libro)**

sehen

Tr. 50

hören

¿Qué tiempo hace? *Wie ist das Wetter?* Kreuze an, welche beiden Bilder dem aktuellen und zukünftigen Wetter im Dialog entsprechen. Notiere darunter dann die passenden Sätze aus dem Dialog.

____

____

3

sehen

Hablar sobre el tiempo. *Über das Wetter sprechen.* Kannst du dir auch die folgenden Begriffe zur Beschreibung des Wetters erschließen? Ordne sie den passenden Bildern zu.

Hay una tormenta. ⁕ Hace mucho frío. ⁕ Hace mucho viento. ⁕ Está nevando. ⁕ Hace mucho calor. ⁕ Hace sol.

1. ______________ 2. ______________ 3. ______________

4. ______________ 5. ______________ 6. ______________

hören

Tr. 51

Entender el pronóstico del tiempo. *Die Wettervorhersage verstehen.* Wer gut vorbereitet sein möchte, schaut sich vor einer Wanderung die Wettervorhersage an. Höre dir die Beschreibungen des Wetters an und notiere die Namen der Orte unter den Bildern.

25 °C

1. ______________ 2. ______________ 3. ______________ 4. ______________

El gerundio – Die Verlaufsform

Um zu beschreiben, was du gerade tust, benutzt du im Spanischen das Gerundium: **Estoy caminando hacia Santiago.** *Ich laufe gerade in Richtung Santiago.*

Form von estar		Gerundium
estoy **estás** **está** **estamos** **estáis** **están**	+	**caminando** **comiendo** **escribiendo**

Du bildest das Gerundium, indem du die Endung -**ando** (Verben auf -**ar**) und -**iendo** (Verben auf -**er**/-**ir**) an den Verbstamm anhängst.

Die folgenden unregelmäßigen Formen lernst du am besten auswendig!

reír ➡ riendo	**seguir ➡ siguiendo**	**leer ➡ leyendo**
decir ➡ diciendo	**venir ➡ viniendo**	**oír ➡ oyendo**

5 **¿Qué están haciendo estas personas?** *Was tun diese Personen gerade?* Probiere aus, ob du die Bildung der Verlaufsform verstanden hast.

Él ______ 1 (caminar, él) en su primera etapa y ya ______ 2 (charlar, él) con otros peregrinos. Todos ______ 3 (gozar, ellos) el paisaje bonito. ______ 4 (hablar, ellos) sobre el tiempo que hace. Alguien pregunta: ¿______ 5 (beber, vosotros) suficiente agua? Un peregrino te pregunta a ti: ¿______ 6 (hacer, tú) tu primera etapa también?

6 fühlen

¿Y tú, qué estás haciendo? *Und du, was machst du gerade?* Bewege dich durch den Raum, in dem du dich befindest und beschreibe dabei mit der Verlaufsform, was du gerade tust. Die folgenden Verben können dir dazu Ideen geben:

abrir/cerrar una ventana/la puerta *(Tür/Fenster öffnen/schließen)* ✶ **saltar** *(hochspringen)* ✶ **sentarse** *(sich hinsetzen)* ✶ **levantarse** ✶ **mirar por la ventana** *(aus dem Fenster schauen)* ✶ **pensar en** ✶ **escribir** ✶ **leer** ✶ **aprender algo** *(etw. lernen)* ✶ ...

REZEPT

Tarta de Santiago

GALICISCHER MANDELKUCHEN

Schmecken

Santiago de Compostela ist die Hauptstadt der Autonomen Gemeinschaft Galicien. Seitdem dort im Mittelalter die Gebeine des heiligen Jakobus gefunden wurden, ist die Stadt Ziel religiöser Wallfahrten. Der Mandelkuchen trägt das Kreuz des Santiagoordens, ein Erkennungszeichen der Pilgernden auf dem Jakobsweg. Der Kuchen wird ohne Mehl zubereitet und ist besonders saftig und lecker!

Ingredientes:

200 g de almendras molidas - **200 g** de azúcar - **50 g** de mantequilla - **4** huevos - la piel rallada de **1** limón - canela - azúcar en polvo

1. Batir bien los huevos. Añadir lentamente el azúcar y batirlos hasta obtener una masa de textura fina. *Die Eier sehr gut schlagen. Langsam den Zucker hinzufügen und schlagen, bis eine homogene Masse entsteht.*
2. Añadir la piel rallada del limón, un poco de canela y las almendras molidas. Remover bien y luego añadir también la mantequilla derretida. *Die geriebene Zitronenschale, etwas Zimt und die gemahlenen Mandeln hinzufügen. Gut umrühren und dann auch die geschmolzene Butter hinzufügen.*
3. Untar un molde redondo con mantequilla y meter la mezcla dentro. *Die Masse in eine gefettete, runde Kuchenform füllen.*
4. Poner el molde en el horno a 200 °C por 40 minutos. *Den Kuchen für 40 Minuten bei 200 °C im Ofen backen.*
5. Colocar un papel con forma de la cruz encima de la tarta fría y espolvorearla con azúcar en polvo. *Eine Papiervorlage des Kreuzes von Santiago (**www.pons.de/mitallensinnen**) auf den erkalteten Kuchen legen und alles mit Puderzucker bestreuen.*

---

las almendras molidas *gemahlene Mandeln*
el azúcar (en polvo) *(Puder-) Zucker*

DER CAMINO DE SANTIAGO

Der berühmte **Camino francés** ist knapp 800 Kilometer lang und wird jährlich von etwa 150.000 Pilgerinnen und Pilgern aus der ganzen Welt bewandert. Neben dieser klassischen Route existieren noch weitere Jakobswege, z.B. der **Camino de la Plata**, der aus dem Süden Spaniens nach Santiago de Compostela führt.

DER PILGERPASS

Am Ende jeder Etappe erhalten die Pilger in den Herbergen einen Stempel in ihren Pilgerpass, der bestätigt, dass sie die Etappe erfolgreich bewältigt haben.

1.° primero/a	**2.° segundo/a**	**3.° tercero/a**	**4.° cuarto/a**
5.° quinto/a	**¿Qué etapa estás haciendo?**	**6.° sexto/a**	
7.° séptimo/a	**8.° octavo/a**	**9.° noveno/a**	**10.° décimo/a**

7 **¡Noticias del Camino!** *Neuigkeiten vom Camino!* Viele Pilgerinnen und Pilger führen unterwegs Tagebuch oder schreiben einen Blog. Vervollständige die folgenden Notizen mit den passenden Ordnungszahlen. Vergiss nicht, **primero** und **tercero** vor männlichen Substantiven zu verkürzen!

- *El* ____________ 1 (2) *día: ¡Quiero caminar 30 kilómetros hoy!*
- *La* ____________ 2 (3) *noche: Conozco a otros peregrinos.*
- *Hace mal tiempo durante la* ____________ 3 (5) *etapa.*
- *Es el* ____________ 4 (6) *día… ¡Estoy cansada!*
- *Hoy, el* ____________ 5 (7) *día, hago una pausa.*
- *Hoy, el* ____________ 6 (9) *día, me siento mucho mejor.*
- *Hoy, en la* ____________ 7 (10) *etapa, está lloviendo… ¡Es la* ____________ 8 (1) *vez!*

LA CONCHA – DIE MUSCHEL

Das gemeinsame Erkennungszeichen der Pilgernden ist die weiße **Concha**, die Schale einer Jakobsmuschel, die Wanderinnen und Wanderer an ihrem Rucksack befestigen und die ihnen auch als Symbol am Wegesrand den richtigen Weg weist.

8 hören Tr. 52

Hablando del tiempo... *Über das Wetter sprechen ...* Um dich über das Wetter zu unterhalten, helfen dir auch die folgenden Ausdrücke. Höre sie dir an und sprich sie laut nach.

¿Qué tiempo hace?	*Wie ist das Wetter?*
Hace buen/mal tiempo.	*Das Wetter ist gut/schlecht.*
Qué clima tan extraño tenemos.	*Welch komisches Wetter wir haben.*
Se espera nieve en el norte.	*Im Norden wird Schnee erwartet.*
¡Qué día más lindo!	*Was für ein schöner Tag!*
Está nublado.	*Es ist bewölkt.*
El tiempo cambia.	*Das Wetter ändert sich.*
Se vuelve más frío/caliente.	*Es wird kälter/wärmer.*
Hace 22 grados (sobre/bajo cero).	*Es hat 22 Grad (über/unter Null).*
Hay lluvia. / Está lloviendo.	*Es gibt Regen. / Es regnet gerade.*
Hay niebla.	*Es ist neblig.*

9 sehen

In Urlaubserinnerungen zu schwelgen kann so schön sein! Suche ein Foto aus deinem letzten Urlaub und beschreibe es mithilfe der oben genannten Ausdrücke: **En la foto hace buen tiempo. Hace... Estoy haciendo...**

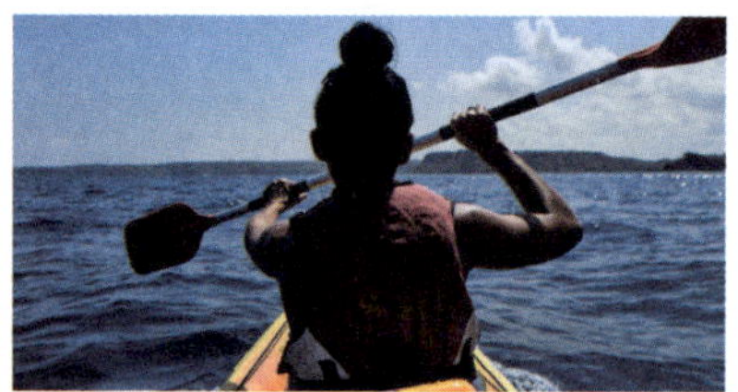

10 riechen

Auf einer ausgiebigen Wanderung haben deine Sinne viel zu entdecken. Was würdest du riechen? Kreuze an und ordne die passenden Begriffe zu.

unas hierbas y flores campestres *(Kräuter und Wildblumen)* ⁎ **un café recién hecho** *(frischer Kaffee)* ⁎ **una panadería** ⁎ **el aire claro** *(klare Luft)* ⁎ **unas tapas** ⁎ **la flor de almendro** *(Mandelblüte)*

1. ______________ 2. ______________ 3. ______________

4. ______________ 5. ______________ 6. ______________

fühlen

Kannst du dich noch an das Himmel-und-Hölle-Spiel von früher erinnern? Auf Spanisch heißt dieses Fingerspiel aus Papier **comecocos**. Bastel dir nun eine Vorlage, um die Ausdrücke zur Beschreibung des Wetters zu üben! Beschrifte das Fingerspiel mit folgenden Fragen:

¿Hace sol o está nublado?
¿Está lloviendo o nevando?
¿Hace buen o mal tiempo?
¿Hace calor o hace frío?
¿Hace mucho viento?
¿Hay niebla?
¿Hay una tormenta?

Wenn du fertig bist, denke an eine beliebige Zahl und bewege das Papier entsprechend oft. Beantworte dann die geöffneten Fragen, je nachdem welches Wetter an diesem Tag gerade herrscht. Diese Übung kannst du ab jetzt jeden Tag wiederholen!

LAS ESTACIONES DEL AÑO – DIE JAHRESZEITEN

primavera *(Frühling)*

verano *(Sommer)*

otoño *(Herbst)*

invierno *(Winter)*

SPRICHWÖRTER

Im Deutschen wie auch im Spanischen gibt es viele Sprichwörter im Zusammenhang mit dem Wetter und den Jahreszeiten:

- **Al mal tiempo, buena cara.**
  Lass dir nicht deine Laune verderben!
- **¡Mucha flor en primavera, buen otoño nos espera!**
  Auf viele Blumen im Frühling folgt ein schöner Herbst.

Lösungen

1. 1. C, 2. C, 3. F (El tiempo les gusta porque no hace mucho calor.), 4. F (Por la tarde el tiempo va a cambiar.), 5. C
2. 2. Foto: Va a llover un poco. 3. Foto: No hace mucho calor pero tampoco hace mucho frío. No está lloviendo, hace mucho sol.
3. 1. Está nevando. 2. Hace mucho calor. 3. Hace mucho frío. 4. Hace mucho viento. 5. Hace sol. 6. Hay una tormenta.
4. 1. Segovia, 2. Sevilla, 3. San Sebastián, 4. Madrid
5. 1. está caminando, 2. está charlando, 3. están gozando, 4. están hablando, 5. estáis bebiendo, 6. estás haciendo
6. estoy abriendo / cerrando..., estoy saltando..., estoy sentándome, estoy levantándome, estoy mirando por...
7. segundo, tercera, quinta, sexta, séptimo, noveno, décima, primera
10. 1. café recién hecho, 2. unas tapas, 3. el aire claro, 4. unas hierbas y flores campestres, 5. una panadería, 6. la flor de almendro

Transkriptionen

TR. 50

• ¿Caminamos juntos un rato?	*Gehen wir eine Weile zusammen?*
• Con mucho gusto. ¿Estás haciendo el Camino también?	*Sehr gerne. Läufst du auch den Jakobsweg?*
• Sí, estoy en mi segunda etapa y me encanta.	*Ja, ich bin auf meiner 2. Etappe und es gefällt mir sehr.*
• Con este tiempo es perfecto, ¿no? No hace mucho calor pero tampoco hace mucho frío. No está lloviendo, hace mucho sol.	*Mit diesem Wetter ist es perfekt, oder? Es ist nicht so heiß, aber auch nicht zu kalt. Es regnet nicht, es ist sehr sonnig.*
• Es verdad. ¿Sabes qué tiempo va a hacer esta tarde?	*Das stimmt. Weißt du, wie das Wetter heute Nachmittag wird?*
• Sí, aquí está el pronóstico del tiempo: Va a llover un poco. Pero bueno... tampoco va a hacer mucho frío. Hace 25 grados ahora.	*Ja, hier ist die Wettervorhersage: Es wird ein bisschen Regen geben. Aber naja ... es wird auch nicht sehr kalt. Jetzt sind es ja 25 Grad.*
• Bueno... Si va a llover necesito comprarme un impermeable. Te dejo aquí para pasar por este pueblo.	*Okay ... Wenn es regnet, muss ich mir eine Regenjacke kaufen. Ich verlasse dich hier, um in dieses Dorf zu laufen.*
• Bien. ¡Que tengas un buen día entonces! Y ¡buen camino!	*Gut. Dann hab einen schönen Tag! Und ... einen guten Weg!*
• A ti también. ¡Buen camino!	*Dir auch. Einen guten Weg!*

TR. 51

• En Madrid el cielo está nublado. A causa de las nubes no hace mucho sol. No hay una tormenta y tampoco hace mucho viento, pero no hace buen tiempo hoy, aquí en Madrid. Las temperaturas son muy bajas por ser un día de julio, hace 17 grados.	*In Madrid ist der Himmel bewölkt. Wegen der vielen Wolken scheint die Sonne nicht sehr viel. Es gibt kein Unwetter und auch nicht viel Wind, aber es ist kein gutes Wetter heute hier in Madrid. Die Temperaturen sind sehr niedrig für einen Tag im Juli, es ist 17 Grad warm.*
• Hoy, sábado, en San Sebastián, todavía está lloviendo. La lluvia no es intensa, pero hay un poco de viento. No hay tormenta, pero no hace buen tiempo. Tenemos un día estable, con temperaturas bajas, de 15 grados.	*Am heutigen Samstag regnet es in San Sebastián immer noch. Der Regen ist nicht stark, aber es ist ein wenig windig. Es gibt kein Unwetter, aber das Wetter ist auch nicht gut. Das Wetter ist beständig, mit niedrigen Temperaturen um die 15 Grad.*

- Hace buenísimo tiempo hoy en Sevilla. Hace mucho sol, las temperaturas suben a 30 grados. No hay ni una nube en el cielo y el tiempo es perfecto para un paseo por la ciudad de Sevilla. — *Heute ist das Wetter in Sevilla sehr gut. Die Sonne scheint, die Temperaturen klettern auf 30 Grad. Es sind keine Wolken am Himmel und das Wetter ist perfekt für einen Spaziergang in der Stadt.*
- Hace 25 grados hoy en Segovia. El sol sale frecuentemente, aunque también hay algunas nubes. El tiempo es perfecto para los que quieren hacer senderismo. ¡Un día con buen tiempo! — *Heute ist es 25 Grad warm in Segovia. Die Sonne kommt häufig hervor, auch wenn einige Wolken am Himmel sind. Das Wetter ist perfekt für alle, die wandern gehen wollen. Ein Tag mit schönem Wetter!*

Lektionswortschatz

el tiempo	*Wetter*
el pronóstico del tiempo	*Wettervorhersage*
el frío	*Kälte*
el calor	*Hitze*
seco/a	*trocken*
húmedo/a	*feucht*
la lluvia	*Regen*
la nieve	*Schnee*
la niebla	*Nebel*
las nubes	*Wolken*
las estrellas	*Sterne*
el cielo	*Himmel*
el relámpago	*Blitz*
el trueno	*Donner*
el paraguas	*Regenschirm*
el impermeable	*Regenjacke*
el/la peregrino/a	*Pilger/in*
caminar	*wandern, laufen*
el albergue	*Herberge*
las botas de senderismo	*Wanderschuhe*
claro que sí	*natürlich*
la etapa	*Etappe*
encantar	*sehr gefallen*
Hace calor.	*Es ist warm.*
tampoco	*auch nicht*
Hace frío.	*Es ist kalt.*
llover (llueve)	*regnen (es regnet)*
Hace sol.	*Die Sonne scheint.*
haber (hay)	*geben (es gibt)*
Hace ... grados.	*Es ist ... Grad warm.*
ahora	*jetzt*
necesitar hacer algo	*etwas tun müssen*
pues	*also, dann*
dejar	*verlassen, lassen*
¡Que tengas un buen día!	*Hab einen schönen Tag!*
¡Buen camino!	*Guten Weg! (Pilgergruß)*
por la tarde	*nachmittags*
¿Qué tiempo hace?	*Wie ist das Wetter?*
Hay una tormenta.	*Es gibt ein Unwetter.*
Está nublado.	*Es ist bewölkt.*
Hace mucho viento.	*Es ist sehr windig.*
Está lloviendo.	*Es regnet.*
Está nevando.	*Es schneit.*
Hay niebla.	*Es ist nebelig.*
bajo/a	*niedrig*
estable	*beständig*
buenísimo	*sehr gut*
subir	*steigen*
No hay ni una nube.	*Es ist keine einzige Wolke zu sehen.*
escribir	*schreiben*
reír	*lachen*
decir	*sagen*
venir	*kommen*
oír	*hören*
charlar	*quatschen*
gozar	*genießen*
abrir	*öffnen*
cerrar	*schließen*
la ventana	*Fenster*
saltar	*hochspringen*
sentarse	*sich setzen*
mirar por la ventana	*aus dem Fenster schauen*
los kilómetros	*Kilometer*
conocer a alguien	*jdn. kennenlernen*
Hace buen/mal tiempo.	*Es ist gutes / schlechtes Wetter.*
cansado/a	*müde*
la pausa	*Pause*
sentirse	*sich fühlen*
la vez	*Mal*

¡Ven, vamos a comprar!

KOMM, WIR GEHEN SHOPPEN!

Barcelona ist eine der größten Shopping-Metropolen Europas: Wer bekanntere Marken sucht, beginnt seinen Spaziergang rund um die Plaça Catalunya. Auf den Ramblas, Barcelonas bekanntester Flaniermeile, befindet sich der Mercat de la Boqueria, der größte Markt der Stadt. Wer kleine Büchergeschäfte und alternative Klamotten mag, ist im angrenzenden Viertel El Raval gut aufgehoben. Komm in dieser Lektion mit auf Shopping-Tour durch Barcelona!

hören
Tr. 53

 **la tienda** *Geschäft*	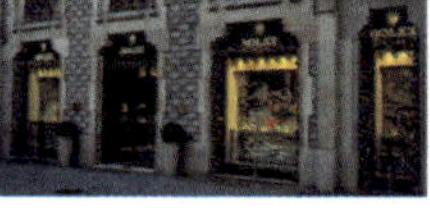 **la tienda de ropa** *Klamottenladen*	 **la zapatería** *Schuhgeschäft*	 **la librería** *Buchhandlung*
 **el estanco** *Tabakladen*	 **el quiosco** *Kiosk*	 **el mercadillo** *Flohmarkt*	 **el banco** *Bank*
 **la tarjeta de crédito** *Kreditkarte*	 **sacar dinero** *Geld abheben*	 **el precio** *Preis*	 **las rebajas** *Schlussverkauf*
la oferta *Angebot*	 **la caja** *Kasse*	 **el/la dependiente/a** *Verkäufer/in*	 **el/la cliente/a** *Kunde/Kundin*
el recibo *Kassenzettel*	 **los probadores** *Umkleidekabinen*	 **la blusa** *Bluse*	 **la camiseta** *T-Shirt*

Tr. 54

- Buenos días, ¿le puedo ayudar?
- ◎ Sí, gracias, estoy buscando una blusa o una camiseta elegante.
- Claro, aquí, tenemos unas blusas muy bonitas. ¿Qué le parece esta en blanco?
- ◎ No estoy segura. Me gusta más esa de ahí.
- Esa le va a quedar muy bien. ¿Le gustaría probarla?
- ◎ Muy bien. ¿Me puede dar una blusa blanca, azul y roja?
- Las blusas rojas están agotadas, pero en azul o blanco son muy elegantes. ¿Qué talla necesita?
- ◎ La 38. ¿Y dónde están los probadores?
- Están aquí a la izquierda.
- ◎ Necesito un momento...
- Y... ¿qué tal la blusa?
- ◎ Mmm... Me gusta la blusa blanca pero me queda un poco estrecha. ¿Me puede dar una de talla 40?
- Aquí tiene.
- ◎ Me queda muy bien. Me la voy a llevar.

1 **¿Qué compra la persona del diálogo?** *Was kauft die Person aus dem Dialog?* Höre dir den Dialog an und lies ihn dir laut vor. Kreuze dann die richtige Lösung an.

hören
Tr. 54

- ○ **A** una blusa blanca de talla 38
- ○ **B** una blusa roja de talla 40
- ○ **C** una camiseta azul de talla 38
- ○ **D** una blusa azul de talla 40
- ○ **E** una blusa blanca de talla 40
- ○ **F** una camiseta roja de talla 40

2 In dieser Wortschlange haben sich einige Farbadjektive und Kleidungsstücke aus dem Dialog versteckt. Finde die Begriffe und umkreise sie.

AZULDERBLCAMISETAROJORÍACBLUSAÍAQBLANCOAOPRER

3 Wenn die Farben in Verbindung mit einem Substantiv auftauchen, werden sie nur teilweise an das Substantiv angeglichen. Schau dir die folgende Übersicht an und fülle anschließend die Lücken.

vollständige Angleichung:	**teilweise Angleichung:**	**keine Angleichung:**
rojo/a/os/as *(rot)*	azul(es) *(blau)*	rosa *(rosa)*
amarillo/a/os/as *(gelb)*	gris(es) *(grau)*	violeta *(lila)*
negro/a/os/as *(schwarz)*	verde(s) *(grün)*	naranja *(orange)*
blanco/a/os/as *(weiß)*	marrón/marrones *(braun)*	

Estoy paseando por las Ramblas, debajo de los árboles ________ **1** (verde) y el cielo ________ **2** (azul). En unos puestos venden unas flores ________ **3** (rojo), ________ **4** (azul) y ________ **5** (violeta). Un artista pinta un retrato ________ **6** (negro) y ________ **7** (blanco) de un turista. En otro puesto venden frutas ________ **8** (naranja) y ________ **9** (marrón). ¡Qué bonito!

4 **¡Nueva ropa de Barcelona!** *Neue Klamotten aus Barcelona!* Beschreibe mithilfe der Begriffe im Kasten, welche Kleidung hier jemand gekauft hat. Beschreibe dabei auch die Farben und beachte die richtige Angleichung der Farbadjektive: **La persona ha comprado una camisa marrón y blanca,...** *Die Person hat ein braun-weißes Hemd, ... gekauft.*

- **las gafas de sol** *(Sonnenbrille)*
- **la sudadera** *(Sweatshirt)*
- **la camiseta** *(T-Shirt)*
- **la camisa** *(Hemd)*
- **el vestido** *(Kleid)*
- **la falda** *(Rock)*

- **los vaqueros** *(Jeans)*
- **el jersey** *(Pullover)*
- **la chaqueta** *(Jacke)*
- **los zapatos** *(Schuhe)*
- **los pantalones** *(Hosen)*
- **la blusa** *(Bluse)*

¿Este o ese? – Die Demonstrativpronomen

Um auf Dinge hinzuweisen, verwendet man die Pronomen **este** und **ese** *(diese/r)*. **Este** wird für räumlich und zeitlich näher liegende Dinge verwendet, während **ese** Dinge beschreibt, die sich weiter weg befinden. Achte auf die Angleichung der Formen an das Substantiv!

esta tienda ↓• *dieses Geschäft (hier)* ✳ **este, estos, esta, estas**	**esa tienda** ——→• *dieses Geschäft (dort)* ✳ **ese, esos, esa, esas**

5 Probiere es aus und setze die passenden Demonstrativpronomen ein.

1. ________ zapatos de aquí me gustan mucho. ________ de ahí no me gustan.
2. ________ tienda de ahí me parece interesante. Pero mira, ________ de aquí también tiene cosas buenas.
3. No me puedo decidir entre ________ botas de ahí o ________ de aquí.
4. ¿Qué vestido te parece mejor? ¿ ________ de ahí o ________ de aquí?

Dinge miteinander vergleichen

Für Vergleiche nutzt du **más/menos que** in Kombination mit einem Adjektiv. Um zu sagen, dass etwas gleich gut/schön/interessant etc. ist, benutzt du **tan como**.

más que (+)	**menos que (-)**	**tan como (=)**
➋ Esta tienda es **más** cara **que** la otra. *Dieses Geschäft hier ist teurer als das andere.*	➋ Estos pantalones son **menos** bonitos **que** esos. *Diese Hosen hier sind weniger schön als diese dort.*	➋ El mercado de Barcelona es **tan** interesante **como** el de Madrid. *Der Markt in Barcelona ist genauso interessant wie der in Madrid.*

REZEPT

Crema Catalana

KATALANISCHE CREME

SCHMECKEN

Dieses leckere Dessert ist eine typisch katalanische Spezialität. Es ähnelt der französischen Crème Brûlée, wird aber nicht im Wasserbad im Ofen zubereitet. Traditionell wird der Zucker auf der Crema Catalana mit einem im Feuer erhitzten Eisen karamellisiert. Die Creme wird in flachen Tonschälchen serviert. Sie ist leicht vorzubereiten und hält sich im Kühlschrank bis zu drei Tage.

Ingredientes:

750 ml de leche – **1** canela en rama – la pulpa de **1** vainilla *(Vanillemark)* – **1** limón – **50 g** de maicena *(Mais- oder Speisestärke)* – **6** huevos grandes – **75 g** de azúcar grueso

1. Calentar la leche con la canela en rama, la pulpa de vainilla y un trozo de la cáscara del limón a fuego lento. *Die Milch mit der Zimtstange, dem Vanillemark und einem Stück Zitronenschale bei niedriger Hitze erhitzen.*
2. Entretanto disolver la maicena en 150 ml de leche. Batir la yema del huevo con 60 gramos de azúcar hasta que quede esponjoso. Añadir al huevo la maicena disuelta. *Währenddessen die Maisstärke in etwas Wasser auflösen und beiseite stellen. Das Eigelb mit 60 g Zucker schaumig schlagen. Die gelöste Maisstärke unterrühren.*
3. Quitar la cáscara de limón y la canela de la leche. *Die Zitronenschale und die Zimtstange aus der Milch entfernen.*
4. Añadir lentamente la leche caliente a la masa. Calentar y seguir removiendo hasta que se espese. Poner en un baño María frío. *Die heiße Milch unter ständigem Rühren langsam in die Eigelbmischung fließen lassen. Aufkochen und weiterrühren, bis die Flüssigkeit eindickt. In ein kaltes Wasserbad stellen.*
5. Dejar enfriar la crema en cuencos de arcilla, espolvorear con el resto del azúcar grueso y caramelizar con un mechero bunsen. *Die Creme in Tonschälchen abkühlen lassen, mit dem Rest des groben Zuckers bestreuen und mit dem Bunsenbrenner karamellisieren.*

6 sehen

¿Qué ropa te hace feliz? *Welche Kleidung macht dich glücklich?* Beim Shoppen hast du manchmal die Qual der Wahl ... Vergleiche die Kleidungsstücke mithilfe der Adjektive. Nutze dafür **más/menos que** und **tan como**.

bonito ⁎ **feo** *(hässlich)* ⁎ **interesante,** ⁎ **elegante** ⁎ **moderno** ⁎ **anticuado** *(altmodisch)* ⁎ **cómodo** *(bequem)*

El vestido amarillo es menos bonito que los pantalones azules. *Das gelbe Kleid ist weniger schön als die blaue Hose.*

7 riechen

¡Ir de compras te despierta el hambre! *Shoppen macht hungrig!* Stell dir vor, wie du dich nach einer Shoppingtour in einem netten Lokal ausruhst. Suche im Internet Bilder dieser typisch katalanischen Gerichte und verbinde sie mit den passenden Aromen. Stell dir dabei vor, wie du in einem netten Restaurant in Barcelona sitzt und das Essen riechst und schmeckst.

1. Sarsuela •	**A** conejo y caracoles
2. Crema catalana •	**B** tipo de cebolla
3. Conill amb cargols •	**C** marisco
4. Calçots i salsa romesco •	**D** verduras y carne
5. Escudella i carn d'olla •	**E** canela

MERCAT STATT MERCADO

Dass Barcelonas berühmtester Markt *Mercat de la Boqueria* heißt, ist kein Zufall: In Barcelona wird Katalanisch gesprochen, genau wie im Rest Kataloniens, den Balearen, Valencia, in Teilen Aragóns und Murcias sowie in Andorra.

EL CATALÁN

Katalanisch ist eine eigenständige romanische Sprache, die wie Spanisch oder Italienisch aus dem Lateinischen entstanden ist. In vielen Regionen ist sie zweite offizielle Amtssprache. Es gibt insgesamt mehr als 11 Millionen aktive Sprecher!

8 Diese Ausdrücke helfen dir beim Shoppen in Spanien. Höre dir die Sätze an und sprich sie laut aus.

hören
Tr. 55

¿Me podría ayudar?	*Könnten Sie mir helfen?*
Solo estoy mirando.	*Ich schaue nur.*
Me gustaría devolver esto.	*Ich würde das gerne zurückgeben.*
La camiseta es demasiado grande/ pequeña.	*Das T-Shirt ist zu groß/klein.*
¿Tiene esta camisa en talla pequeña/ mediana/grande?	*Haben Sie dieses Hemd in klein/ medium/groß?*
¿De qué material es?	*Aus welchem Material ist das?*
¿Me puedo probar esta chaqueta?	*Kann ich diese Jacke anprobieren?*
Eso es todo, gracias.	*Das ist alles, danke.*
¿Quiere pagar con tarjeta / en efectivo?	*Möchten Sie mit Karte / bar zahlen?*
¿Tiene una bolsa?	*Haben Sie eine Tüte?*

9 **¡Te toca a ti!** *Du bist dran!* Ergänze den Dialog mit den neuen Redemitteln.

- Buenos días, ¿ ______________________________ ?
- Por supuesto.
- ______________________________ .
- ¿No le gusta?
- ______________________________ .
- Vale, aquí tengo otra camiseta más pequeña.
- ¿ ______________________________ ?
- Es de poliéster.
- ¿ ______________________________
  ______________________________ ?
- Sí, puede probarla. Ahí están los probadores.
- Me queda bien. Me la voy a llevar.
- ¿Quiere otra cosa?
- ______________________________ .
- ¿ ______________________________ ?
- En efectivo. ¿ ______________________________ ?
- Aquí tiene la bolsa.

10

fühlen

¿Cuál es tu look favorito? *Wie sieht dein Lieblingslook aus?* Gehe an deinen Kleiderschrank und suche dein Lieblingsoutfit heraus: Welche Schuhe, Hose, Kleid, Bluse oder welchen Pullover trägst du am allerliebsten? Zeichne dann dich selbst in diesem Outfit und beschreibe es: Welche Kleidungsstücke gehören dazu und welche Farben haben sie? Warum gefällt dir das Outfit?

Wenn du nicht gerne malst, kannst du dir aus verschiedenen Zeitschriften ein besonders schönes Outfit zusammenbasteln, indem du die einzelnen Kleidungsstücke ausschneidest und zusammenklebst. Entscheide selbst, ob dein Outfit elegant, lässig oder lustig sein soll!

Este es mi look favorito. Llevo una chaqueta marrón, una camiseta negra, unos pantalones blancos y a cuadros, unos zapatos azules y una bolsa negra. También llevo unos pendientes blancos y azules. ¡Me gusta mucho esta combinación porque la ropa es cómoda y elegante al mismo tiempo!

DAS IST KUNST UND KANN NICHT WEG!

Die Kunst hat in Barcelona einen besonderen Stellenwert: Joan Miró und Pablo Picasso haben in dieser Stadt gelebt und gearbeitet. Der berühmte Architekt Antoni Gaudí hat dort viele Kunstwerke geschaffen, darunter der berühmte Park Güell, in dem das Bild rechts aufgenommen wurde.

Lösungen

1. E
2. azul, camiseta, rojo, blusa, blanco
3. 1. verdes, 2. azul, 3. rojas, 4. azules, 5. violeta, 6. negro, 7. blanco, 8. naranja, 9. marrones
4. La persona ha comprado una camisa marrón y blanca, unos vaqueros azules, una camiseta marrón, una chaqueta negra, un vestido rojo y un jersey amarillo.
5. 1. estos / esos, 2. esa / esta, 3. esas / estas, 4. ese / este
6. zum Beispiel: El vestido amarillo es menos bonito que los pantalones azules. Los pantalones azules son más elegantes que los pantalones verdes.
7. 1. C, 2. E, 3. A, 4. B, 5. D
9. ¿Me podría ayudar? / Me gustaría devolver esta camiseta. / La camiseta es demasiado grande. / ¿De qué material es? / ¿Me la puedo probar? / Eso es todo, gracias. / ¿Quiere pagar con tarjeta o en efectivo? / ¿Tiene una bolsa?

Transkriptionen

TR. 54

• Buenos días, ¿le puedo ayudar?	*Guten Tag, kann ich Ihnen helfen?*
• Sí, gracias, estoy buscando una blusa o una camiseta elegante.	*Ja, danke, ich suche eine Bluse oder ein elegantes T-Shirt.*
• Claro, aquí, tenemos unas blusas muy bonitas. ¿Qué le parece esta en blanco?	*Klar, hier haben wir sehr schöne Blusen. Wie gefällt ihnen diese hier in weiß?*
• No estoy segura. Me gusta más esa de ahí.	*Ich bin nicht sicher. Ich mag eher diese dort.*
• Esa le va a quedar muy bien. ¿Le gustaría probarla?	*Die wird Ihnen super stehen. Würden Sie sie gerne anprobieren?*
• Muy bien. ¿Me puede dar una blusa blanca, azul y roja?	*Ja, gerne. Können Sie mir eine weiße, blaue und rote Bluse geben?*
• Las blusas rojas están agotadas, pero en azul o blanco son muy elegantes. ¿Qué talla necesita?	*Die roten Blusen sind ausverkauft, aber die in blau oder weiß sind sehr elegant. Welche Größe benötigen Sie?*
• La 38. ¿Y dónde están los probadores?	*38. Und wo sind die Umkleidekabinen?*
• Están aquí a la izquierda.	*Die sind hier links.*
• Necesito un momento.	*Ich brauche einen Moment.*
• Y... ¿qué tal la blusa?	*Und, wie ist die Bluse?*
• Mmh... Me gusta la blusa blanca pero me queda un poco estrecha. ¿Me puede dar una de talla 40?	*Mmh... Mir gefällt die weiße Bluse, aber sie ist ein bisschen eng. Können Sie mir eine in 40 geben?*
• Aquí tiene.	*Hier, bitte.*
• Me queda muy bien. Me la voy a llevar.	*Die passt super. Ich werde sie mitnehmen.*

Lektionswortschatz

la tienda	*Geschäft*
la tienda de ropa	*Klamottenladen*
la zapatería	*Schuhgeschäft*
la librería	*Buchhandlung*
el estanco	*Tabakladen*
el quiosco	*Kiosk*
el mercadillo	*Flohmarkt*
el banco	*Bank*
la tarjeta de crédito	*Kreditkarte*
sacar dinero	*Geld abheben*
el precio	*Preis*
las rebajas	*Schlussverkauf*
la oferta	*Angebot*
la caja	*Kasse*
el/la dependiente/a	*Verkäufer/in*
el/la cliente/a	*Kunde/Kundin*
el recibo	*Kassenzettel*
los probadores	*Umkleidekabinen*
la blusa	*Bluse*
la camiseta	*T-Shirt*
buscar	*suchen*
¿Qué le parece...?	*Wie gefällt Ihnen ...?*
este/a/os/as	*diese (hier)*
ese/a/os/as	*diese (dort)*
estar seguro/a	*sicher sein*
quedar	*passen, stehen*
¿Le gustaría probarla?	*Würden Sie sie gerne anprobieren?*
agotado/a	*ausverkauft*
la talla	*Größe*
¿Qué tal la blusa?	*Wie ist die Bluse?*
quedar estrecho/a	*eng sein*
quedar bien	*gut passen/stehen*
dar	*geben*
llevar	*mitnehmen*
amarillo/a	*gelb*
negro/a	*schwarz*
gris	*grau*
marrón	*braun*
rosa	*rosa*
violeta	*violett*
las gafas de sol	*Sonnenbrille*
la sudadera	*Sweatshirt*
la camisa	*Hemd*
el vestido	*Kleid*
la falda	*Rock*
el vestido	*Kleid*
los vaqueros	*Jeans*
el jersey	*Pullover*
la chaqueta	*Jacke*
los zapatos	*Schuhe*
los pantalones	*Hosen*
la cosa	*Sache, Ding*
decidir	*entscheiden*
las botas	*Stiefel*
la maicena	*Speisestärke*
la canela en rama	*Zimtstange*
la pulpa de vainilla	*Vanillemark*
el azúcar	*Zucker*
calentar	*erhitzen*
el trozo de la cáscara de limón	*Stück Zitronenschale*
entretanto	*in der Zwischenzeit*
disolver	*auflösen*
batir	*schlagen*
la yema	*Eigelb*
hasta que quede esponjoso	*bis es schaumig ist*
añadir	*hinzufügen*
la mezcla	*Mischung*
lentamente	*langsam*
antes de que hierva	*kurz bevor sie kocht*
seguir removiendo	*weiter umrühren*
hasta que espese	*bis sie eindickt*
dejar enfriar	*abkühlen lassen*
los cuencos de arcilla	*Tonschälchen*
espolvorear	*bestreuen*
grueso/a	*dick, grob*
caramelizar	*karamellisieren*
el mechero bunsen	*Bunsenbrenner*
moderno/a	*modern*
anticuado/a	*altmodisch*
despertar el hambre	*hungrig machen*

¡Vámonos de fiesta!

LASS UNS FEIERN GEHEN!

Alle Partyfans aufgepasst: Besonders an Silvester macht das Feiern in Spanien Spaß, denn dann geschehen dort lustige Dinge! Wer es allerdings nicht immer laut und bunt, sondern auch ruhig und bedächtig mag, kommt ebenfalls auf seine Kosten, denn es gibt im ganzen Land besondere regionale Traditionen. Begleite uns in dieser Lektion auf eine Reise durch beliebte spanische Volksfeste. Es lohnt sich!

hören
Tr. 56

la fiesta popular
Volksfest

el día festivo
Feiertag

la fecha
Datum

el evento
Ereignis

la tradición
Tradition

las celebraciones
Feierlichkeiten

las costumbres
Bräuche

la religión
Religion

la procesión
Prozession

los santos
Heilige

el carnaval
Karneval

el disfraz
Kostüm

el Año Nuevo
Neujahr

la Nochevieja
Silvester

las uvas
Weintrauben

el traje
Tracht, Kostüm

el baile
Tanz

los fuegos artificiales
Feuerwerk

el coro
Chor

las flores
Blumen

Tr. 57

- ¡Qué rápido ha pasado el año, ¿no? Sergio, ¿qué vas a hacer tú la Nochevieja?
- ◎ Bueno, primero yo y mi esposa vamos a casa de mi hermana. Ella tiene planes para hacer una cena grande. Van a estar también algunos de sus amigos.
- ¿Entonces no sales de fiesta?
- ◎ Este año no. Vamos a quedarnos en casa primero y luego ir a la plaza de su pueblo justo antes de las doce.
- ¿Para comer las uvas?
- ◎ Claro que sí. Una uva a cada campanada del reloj. ¡Las uvas traen suerte!
- ¡Qué tradición más divertida!
- ◎ ¿Y tú? Es tu primera Nochevieja en España, ¿no? ¿Qué vas a hacer?
- Pues, todavía no tengo planes.
- ◎ ¡Entonces te reúnes con nosotros!
- ¡Me encantaría!

1

hören

Tr. 57

¿Qué cuenta Sergio de sus planes para la Nochevieja? Escucha el diálogo y marca con una cruz la información correcta y falsa. *Was erzählt Sergio über seine Pläne für den Silvesterabend? Höre dir den Dialog an und kreuze an, welche Informationen richtig oder falsch sind.*

	correcto	falso
1. Sergio no tiene planes para la Nochevieja.	○	○
2. No quiere salir de fiesta este año.	○	○
3. Después de cenar se reúnen en casa de otro amigo.	○	○
4. A las doce campanadas del reloj se comen uvas.	○	○
5. Sergio invita a la otra persona a celebrar con él.	○	○

NOCHEVIEJA EN LA PUERTA DE SOL

Die **Puerta del Sol** ist Madrids berühmtester Platz, an dem sich alljährlich Tausende von **Madrileños** vor einer Uhr versammeln, die mit zwölf Glockenschlägen das Neue Jahr verkündet. Ein Bild dieser Uhr wird an Silvester sogar live im Fernsehen übertragen.

2 hören Tr. 58

¿Qué pasa cuándo...? Escucha la descripción de la Nochevieja en España y marca el orden correcto de las actividades con los números 1 a 6.
Was passiert wann? Höre dir die Beschreibung des Silvesterabends an und markiere die richtige Reihenfolge der Aktivitäten mit den Zahlen 1 bis 6.

___ **A** comer 12 uvas durante las 12 campanadas del reloj
___ **B** hacer una cena tradicional con la familia o los amigos
___ **C** brindar con champán o cerveza
___ **D** felicitarse por el año nuevo
___ **E** llamar a todos los amigos que están en otros lugares
___ **F** reunirse frente a un reloj central en la ciudad

3

¿Y cómo celebras tú la Nochevieja en Alemania? Usa las expresiones para describirla. *Und wie feierst du Silvester in Deutschland? Nutze die Ausdrücke zur Beschreibung deiner Aktivitäten.*

primero *(zuerst)* * **luego** *(später)* * **al final** *(am Ende)* * **antes de + Infinitiv** *(vor, bevor)* * **después de + Infinitiv** *(nachdem, nach)*

BESONDERE TRADITIONEN

Achtung, es wird matschig! In **Buñol (Valencia)** findet alljährlich im August ein Volksfest statt, das es sogar ins Guiness-Buch der Rekorde geschafft hat: die **Tomatina**. In dieser weltgrößten Essensschlacht bewirft man sich mit überreifen zerdrückten Tomaten.

HIER GEHT ES HOCH HINAUS

In **Katalonien** pflegt man die Tradition der sogenannten **Castells**. Diese sind aus Menschen gebaute Türme mit bis zu zehn Etagen. Diese Türme sind international bekannt und gehören sogar zum Weltkulturerbe der Unesco.

Los pronombres de objeto directo e indirecto – Die direkten und indirekten Objektpronomen

Um auf Dinge hinzuweisen, nutzen wir im Deutschen wie auch im Spanischen Objektpronomen: **¿Quieres probar las tapas? Sí, las quiero probar.** *Willst du die Tapas probieren? Ja, ich will sie probieren.* Nach den direkten Objektpronomen fragen wir mit der Frage: Wen oder was (willst du probieren)?

Demgegenüber stehen die indirekten Objektpronomen: **Le gustan estos trajes.** *Ihr gefallen diese Trachten.* Nach diesen Pronomen fragen wir mit der Frage: Wem oder was (gefallen die Trachten)?

indirektes Objektpronomen *(Wem?)*	**direktes Objektpronomen** *(Wen?)*
me	**me**
te	**te**
le	**lo/la**
nos	**nos**
os	**os**
les	**los/las**
✱ *Beispiele* **Te regalo un libro.** *Ich schenke dir ein Buch.* **Le digo mi nombre.** *Ich sage ihm meinen Namen.*	✱ *Beispiele* **Te quiero.** *Ich liebe dich.* **Lo quiero ver.** *Ich möchte ihn sehen.*

Rellena los huecos con los pronombres correctos. *Fülle die Lücken mit den korrekten Pronomen.*

1. ¿________ *(euch)* gustan los castells? – Sí, ________ *(uns)* gustan mucho.
2. ¿Puedes ver al hombre con el disfraz bonito? – Sí, ________ *(ihn)* puedo ver.
3. Voy a probar este traje tradicional. Bien, ________ *(Ihnen)* va a quedar bien.
4. ________ *(dir)* compro este libro sobre las fiestas espanolas. – ¿De verdad?

¿Me ________ *(es, das Buch)* compras? ¡Gracias!

5. La chica le lanza un tomate al chico y él se ________ *(sie, die Tomate)* lanza a ella.

REZEPT

Pintxos de Donostia

TAPAS AUS SAN SEBASTIÁN

Schmecken

Wer einmal zur Mittagszeit durch die Altstadt San Sebastiáns (auf baskisch: **Donostia**) spaziert ist, wird sie gesehen haben: **Pintxos** (gesprochen: Pinchos), die sich meterlang auf den Tresen der Bars türmen. Sie sind eine eigene, baskische Variante von Tapas, die alljährlich in Kochwettbewerben perfektioniert werden. Typische Pintxos bestehen aus Baguettescheiben, die mit Meeresfrüchten, Schinken, Käse oder Gemüse belegt sind. Unbedingt mal ausprobieren!

Ingredientes:

1 pimiento - aceite de oliva - sal marina - 1 cebolla pequeña - **1 barra** de pan - **3 cucharadas** de mayonesa - salmón ahumado - **1 lata** de anchoas

Montadito de pimiento con anchoa y salmón

1. Freír los pimientos en aceite de oliva, sazonarlos con sal marina y cortarlos en rodajas. Freír también la cebolla troceada. *Die Paprika in Olivenöl anbraten, mit Meersalz würzen und in Scheiben schneiden. Auch die gewürfelte Zwiebel anbraten.*
2. Untar el pan con mayonesa. *Das Brot mit Mayonnaise bestreichen.*
3. Cubrir el pan primero con el pimiento, luego con el salmón, las anchoas y la cebolla. *Das Brot zuerst mit der Paprika belegen, dann mit dem geräucherten Lachs, den Anchovis und der Zwiebel.*

la sal marina *Meersalz*
la mayonesa *Mayonnaise*
el salmón ahumado *geräuchter Lachs*
la lata *Dose*
las anchoas *Anchovis*

Varianten über Varianten

Wer Gefallen an diesen kleinen Kunstwerken gefunden hat, sollte einmal nach ihnen googlen. Es gibt unzählige Varianten, Farben und Formen – der Kreativität sind hier beim Kochen keine Grenzen gesetzt ... Aber Achtung: Das Experimentieren mit den verschiedenen Zutaten kann süchtig machen!

KARNEVAL IN SPANIEN

Auch in Spanien wird ausgiebig Karneval gefeiert! Einen Namen gemacht hat sich besonders der Karneval in Cádiz (Andalusien) und Teneriffa. Feste Bestandteile sind die bunten, exotischen Kostüme und Chöre, die traditionelle **Chirigotas** singen – satirische, sozialkritische Volkslieder.

DIE FALLAS VON VALENCIA

Alljährlich im März tragen in Valencia haushohe, bunte Figuren (**Fallas**) satirische Botschaften zum aktuellen Geschehen durch die Straßen der Stadt. Höhepunkt dieses Festes ist die Verbrennung einer Figur der Heiligen Jungfrau Maria, deren Kleid aus fast 50 Tonnen Blumen besteht.

5 **De paseo por las fiestas de España: ¿Qué puedes oler, ver o escuchar? Apunta las expresiones correspondientes debajo de las fotos.**

riechen
sehen
hören

Was kannst du auf einem Spaziergang durch die Feste Spaniens riechen, sehen oder hören? Ordne die Begriffe den passenden Fotos zu.

Fallas ⁎ Feria de Sevilla ⁎ Castells ⁎ Carnaval ⁎ Nochevieja ⁎ Tomatina ⁎ fuego ⁎ disfraces ⁎ uvas ⁎ tomates aplastados ⁎ aplausos ⁎ música de flamenco

1. ....

2. ....

3. ....

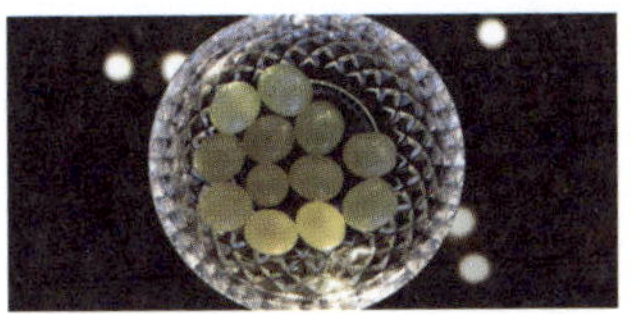

4. ....

5. ....

6. ....

6 **¿Quieres salir con tus amigos españoles? Las siguientes expresiones te ayudan. Escúchalas y léelas en voz alta.** *Du willst mit deinen spanischen Freunden ausgehen? Die folgenden Ausdrücke helfen dir. Höre sie dir an und lies sie laut vor.*

hören
Tr. 59

¿Quieres salir de fiesta con nosotros?	*Möchtest du mit uns feiern?*
¿Vamos de fiesta?	*Gehen wir feiern?*
Tengo ganas de salir por la noche.	*Ich habe Lust, auszugehen.*
¡Lo estoy pasando muy bien!	*Ich amüsiere mich großartig!*
¿Me podrías explicar el significado de esta fiesta?	*Könntest du mir die Bedeutung dieses Festes erklären?*
¿Cómo se celebra el carnaval en España?	*Wie feiert man in Spanien Karneval?*

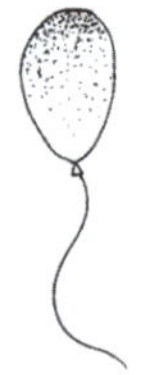

7 **¿Qué podrías decir en estas conversaciones? Apúntalo.** *Was könntest du in diesen Gesprächen sagen? Notiere.*

1. ______________________	Es una fiesta tradicional en Valencia.
2. ______________________	¡Yo también! ¿Por qué no vamos juntos?
3. ¿Te gusta la fiesta?	______________________
4. ______________________	Sí, me gustaría mucho celebrar con vosotros.

8 **Sustituye las palabras subrayadas por un pronombre indirecto o directo.** *Ersetze den unterstrichenen Satzteil durch ein indirektes oder direktes Objektpronomen.*

1. ¿Quieres dejar tu asiento <u>a la señora</u>? –Sí, ______________________ mi asiento.

2. ¿Quieres ver <u>la plaza de toros</u>?– No, no ______________________

3. ¿Me puedes explicar <u>esta tradición</u>? – Sí, ______________________

Die Stellung der Pronomen

Die Pronomen stehen entweder vor dem konjugierten Verb oder werden an den Infinitiv angehängt: **Te quiero regalar este libro. / Quiero regalarte este libro.** *Ich möchte dir dieses Buch schenken.*

Wenn beide Objektpronomen in einem Satz auftauchen, steht das indirekte Pronomen immer zuerst: **Te lo quiero decir.** *Ich möchte es dir sagen.*

fühlen

¡Vámonos de fiesta! *Lass uns feiern gehen!* Bastel dir einen bunten Kalender, indem du auf einem DIN A4-Blatt zwölf Kästchen einzeichnest und die Monate darauf notierst. Suche dir für jeden Monat ein spanisches Volksfest aus, notiere den Namen und klebe darunter ein Foto dieses Festes oder zeichne etwas, das typisch für dieses Fest ist. Notiere anschließend daneben die wichtigsten Begriffe, um dieses Fest zu beschreiben. Vielleicht hast du Lust, ab sofort im passenden Monat auf Nachrichten aus Spanien zu achten?

ENERO	FEBRERO	MARZO	ABRIL
MAYO	JUNIO	JULIO	AGOSTO en Buñol, Valencia batalla de tomates aplastados 150 toneladas de tomates
SEPTIEMBRE	OCTUBRE	NOVIEMBRE	DICIEMBRE

Lösungen

1. 1. f, 2. c, 3. f, 4. c, 5. c
2. 1. B, 2. F, 3. A, 4. D, 5. E, 6. C
3. Primero, los españoles hacen una cena tradicional con la familia. Después de cenar, se reúnen frente a un reloj. Luego, a las 12 campanadas del reloj, comen 12 uvas...
4. 1. Os / nos, 2. lo, 3. le, 4. Te / lo, 5. la
5. 1. Castells / aplausos, 2. Tomatina / tomates aplastados, 3. Feria de Sevilla / música de flamenco, 4. Nochevieja / uvas, 5. Fallas / fuego, 6. Carnaval / disfraces
7. 1. ¿Me podrías explicar el significado de esta fiesta? 2. Tengo ganas de salir por la noche. 3. ¡Lo estoy pasando muy bien! 4. ¿Quieres salir de fiesta con nosotros?
8. 1. Sí, quiero dejarle / le quiero dejar mi asiento. 2. No, no la quiero ver / no quiero verla. 3. Sí, te la puedo explicar / puedo explicártela.

Transkriptionen

TR. 57

- *Wie schnell das Jahr vorbei gegangen ist, oder? Sergio, was wirst du an Silvester machen?*
- *Also erst werden ich und meine Frau zu meiner Schwester fahren. Sie plant ein großes Abendessen. Es werden auch ein paar von ihren Freunden da sein.*
- *Also gehst du nicht feiern?*
- *In diesem Jahr nicht. Wir werden zuerst zu Hause bleiben und später, um kurz vor zwölf, auf den Platz in ihrem Dorf gehen.*
- *Um Weintrauben zu essen?*
- *Natürlich. Eine Weintraube zu jedem Glockenschlag. Die Weintrauben bringen Glück!*
- *Was für eine lustige Tradition!*
- *Und du? Es ist dein erstes Silvester in Spanien, oder? Was hast du vor?*
- *Also ich habe noch keine Pläne.*
- *Dann kommst du mit zu uns!*
- *Sehr gerne!*

TR. 58

- La fiesta de la Nochevieja se celebra en todo el mundo, pero en España es especial: La tradición tiene que ver con las uvas y existe ya desde hace más de cien años. Los españoles se reúnen con sus familias o amigos para hacer una cena tradicional. La comida típica es diferente en cada región. Puede ser que coman platos con pescado, carne o verduras. Después, algunos salen de fiesta. Justo antes de las doce, algunos van a una plaza central de su pueblo o ciudad y se reúnen frente a un reloj. En Madrid, este reloj está en la Puerta del Sol, una plaza central y grande, la más conocida en Madrid. Cuando las campanas del reloj suenan 12 veces, la gente come 12 uvas, una uva a cada campanada. ¡Claro que tienen la boca llena de uvas al final! ¡Es muy divertido pero también trae suerte! Después, todos se felicitan por el año y llaman a sus amigos. Al final, brindan con champán o cerveza.

Silvester wird überall auf der Welt gefeiert, aber in Spanien ist es besonders: Traditionell spielen Weintrauben eine Rolle und dies schon seit mehr als 100 Jahren. Die Spanier treffen sich mit ihren Familien oder Freunden zu einem traditionellen Abendessen. Das typische Essen ist in jeder Region anders, es gibt Gerichte mit Fisch, Fleisch oder Gemüse. Danach gehen manche feiern. Kurz vor 12 Uhr gehen alle zu einem zentralen Platz ihres Dorfes oder ihrer Stadt und versammeln sich vor einer Uhr. In Madrid ist diese Uhr an der Puerta del Sol, ein zentraler und großer Platz, der bekannteste in Madrid. Wenn die Glocken der Uhr 12 Mal schlagen, essen die Leute 12 Weintrauben, eine zu jedem Glockenschlag. Natürlich haben am Ende alle den Mund voller Weintrauben! Das ist sehr lustig, bringt aber auch Glück! Danach wünschen sich alle ein Frohes Neues Jahr und rufen Freunde an. Am Ende stoßen sie mit Sekt oder Bier an.

Lektionswortschatz

¡Vámonos de fiesta!	*Lass uns feiern gehen!*
la fiesta popular	*Volksfest*
el día festivo	*Feiertag*
la fecha	*Datum*
el evento	*Ereignis*
la tradición	*Tradition*
las celebraciones	*Feierlichkeiten*
las costumbres	*Traditionen*
la religión	*Religion*
la procesión	*(relig.) Prozession*
los santos	*Heilige*
el carnaval	*Karneval*
el disfraz	*Verkleidung, Kostüm*
el Año Nuevo	*Neujahr*
la Nochevieja	*Silvester(-abend)*
el traje	*Tracht, Kostüm*
el baile	*Tanz*
el reloj	*(Wand-)Uhr*
los fuegos artificiales	*Feuerwerk*
las flores	*Blumen*
el plan	*Plan*
la cena	*Abendessen*
alguno/a/os/as	*einige/r*
salir de fiesta	*ausgehen*
cada	*jede/r/s*
la campanada	*Glockenschlag*
traer suerte	*Glück bringen*
todavía no	*noch nicht*
reunirse con	*sich treffen mit, versammeln*
me encantaría	*ich würde sehr gerne*
el diálogo	*Dialog*
marcar	*markieren*
la cruz	*Kreuz*
la información	*Information/en*
la descripción	*Beschreibung*
marcar el orden	*die Reihenfolge kennzeichnen*
brindar	*anstoßen*
el diálogo	*Dialog*
el champán	*Sekt, Champagner*
felicitarse por el año	*Frohes Neues Jahr wünschen*
la expresión	*Ausdruck*
segundo	*zweitens*
antes	*davor*
antes de (+inf.)	*vor, bevor*
luego	*später*
al final	*am Ende*
regalar	*schenken*
te quiero	*ich liebe dich*
lanzar	*schmeißen, werfen*
la sal marina	*Meersalz*
la cucharada	*Esslöffel*
la mayonesa	*Mayonnaise*
el salmón ahumado	*geräucherter Lachs*
la lata	*Dose*
freír	*(an-)braten*
cortar en rodajas	*in Scheiben schneiden*
untar	*bestreichen*
tomates aplastados	*zermatschte Tomaten*
tener ganas de...	*Lust auf ... haben*
pasárselo bien	*sich amüsieren*
explicar	*erklären*
el significado	*Bedeutung*
la conversación	*Unterhaltung*
apuntar	*notieren*
sustituir	*ersetzen*
subrayado/a	*unterstrichen*
el pronombre	*Pronomen*
dejar	*überlassen*
el asiento	*Sitzplatz*
la plaza de toros	*Stierkampfarena*

¡Viva el arte y la creatividad!

ES LEBE DIE KUNST UND KREATIVITÄT!

sehen

Pinto flores para que así no mueran... *Ich male die Blumen, damit sie nicht sterben ...* Wer anders könnte dies gesagt haben als die mexikanische Malerin Frida Kahlo, deren außergewöhnliches Leben sich in ihren Gemälden widerspiegelt. Lass dich in dieser Lektion von ihr und anderen herausragenden Persönlichkeiten aus der spanischsprachigen Welt der Kreativität inspirieren und lerne dabei, über vergangene Ereignisse zu sprechen.

hören
Tr. 60

el arte
Kunst

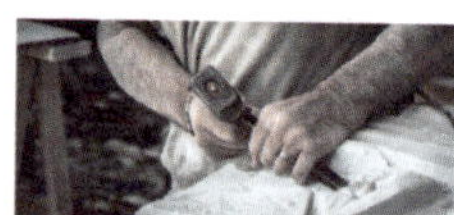

el/la artista
Künstler/in

el/la pintor/a
Maler/in

el/la muralista
Wandmaler/in

el/la feminista
Feminist/in

el autorretrato
Selbstportrait

el mural
Wandmalerei

el dibujo
Zeichnung

las fotos
Fotos

el cuadro
Gemälde, Bild

el taller
Atelier, Werkstatt

la atracción turística
Sehenswürdigkeit

la exposición
Ausstellung

la literatura
Literatur

la novela
Roman

la portada
Cover

el/la novelista
Romanautor/in

el/la poeta
Dichter/in

la biografía
Biografie

la presentación del libro
Buchpräsentation

Tr. 61 ¡Hola a todos y bienvenidos a otro episodio de *Arte y creatividad*! Hoy, vamos a hablar de una mujer fascinante, una mujer que tuvo que enfrentarse a muchos problemas en su vida. ¡De verdad vale la pena hablar de Frida Kahlo! La artista vivió en la Ciudad de México y su casa es conocida como Casa Azul. Después de su muerte fue convertida en un museo. ¡Recomiendo la visita! Frida empezó a pintar ahí, cuando tuvo que quedarse en la cama después de un accidente de tráfico a los 18 años. Su padre construyó la casa antes de su nacimiento, pero luego Frida vivió ahí con su marido Diego Rivera, un artista conocido por sus murales. Vamos a hablar de este artista en el siguiente episodio...

1 hören Tr. 61

Escucha el podcast y léelo en voz alta. Luego pon en orden los acontecimientos de la vida de Kahlo. *Höre dir den Podcast an und lies ihn laut vor. Bringe dann die Ereignisse aus dem Leben Kahlos in die richtige Reihenfolge*

___ **A** Frida y Diego vivieron en la casa.

___ **B** Frida murió.

___ **C** Frida empezó a pintar.

___ **D** El padre construyó la Casa Azul.

___ **E** Frida tuvo un accidente trágico.

___ **F** Convirtieron la casa en un museo.

2

Una mujer sabia: ¿Qué significan estas citas famosas de Frida Kahlo en alemán? *Eine weise Frau: Was bedeuten diese berühmten Zitate von Frida Kahlo auf Deutsch?*

1. Pies, ¿para qué los quiero si tengo alas para volar?
2. Cada tic-tac es un segundo de la vida que pasa, huye, y no se repite.
3. Enamórate de ti, de la vida y luego de quien tú quieras.

A Liebe dich selbst, das Leben und dann wen auch immer du möchtest.

B Wofür brauche ich Füße, wenn ich doch Flügel habe zum Fliegen?

C Jedes Tick-Tack ist eine Sekunde des Lebens, die vergeht, sich verflüchtigt und sich nicht wiederholt.

3

hören
Tr. 62

Una visita a la Casa Azul. Escucha la descripción y rellena los huecos con el nuevo vocabulario de esta lección. *Ein Besuch in der Casa Azul. Höre dir die Beschreibung an und fülle die Lücken mit dem neuen Vokabular dieser Lektion.*

Ayer fui a visitar la Casa Azul, una conocida ______________ 1 aquí en México. Ahí hay una ______________ 2 sobre el ______________ 3 de Frida Kahlo. ¡Fue una ______________ 4 tan interesante! Pintó muchos ______________ 5. Hay también información sobre su vida, además de unas ______________ 6 de ella y de su marido Diego Rivera. Aprendí que él era ______________ 7 y se casaron dos veces. En el ______________ 8 también hay fotos de sus ______________ 9. Kahlo también fue conocida como ______________ 10 por sus ideas liberales.

MUJERES INFLUYENTES – EINFLUSSREICHE FRAUEN

Wie auch Frida Kahlo war die Dichterin und Romanautorin Gioconda Belli mit ihren Idealen ihrer Zeit voraus. Es geht in ihren Werken häufig um Liebe, die Beziehungen zwischen den Geschlechtern und um starke Frauen. In den 70er-Jahren kämpfte sie gegen die Diktatur ihres Heimatlandes Nicaragua.

4

¿Por qué la preposición? *Warum steht hier eine Präposition?* Vergleiche die beiden Sätze und formuliere dann eine Hypothese, warum im ersten Satz die Präposition **a** hinter dem Verb steht. Lies dir danach die Regel im Kasten durch und setze in den folgenden Sätzen ein **a** dort, wo es notwendig ist.

Veo a Belli. / Veo el libro de Belli.

1. Regala la novela ____ su amiga.
2. Miran ____ la portada del libro.
3. Escucha ____ Belli leyendo de su libro.
4. Oigo ____ la voz de Belli.

Die Präposition a in Objekten

Merke: Ist das Objekt eine Person, wird ein **a** vorangestellt.

El pretérito indefinido

Mit dem Indefinido lernst du die häufigste Vergangenheitszeit kennen. Sie wird für abgeschlossene, einmalige Ereignisse in der Vergangenheit verwendet: **Fui a la presentación del libro.** *Ich bin zur Buchpräsentation gegangen.*

Häufige Signalwörter sind zum Beispiel: **ayer** *(gestern)*, **la semana pasada** *(letzte Woche)*, **de repente** *(plötzlich)*, **el otro día** *(neulich, letztens)*, **hace tres días** *(vor drei Tagen)*, **después** *(danach)*, **el lunes/martes/...** *(am Montag/Dienstag/ ...)*

-ar	-er / -ir
trabajé	**comí**
trabajaste	**comiste**
trabajó	**comió**
trabajamos	**comimos**
trabajasteis	**comisteis**
trabajaron	**comieron**
✱ *Beispiel:* **Visité el museo ayer.** *Ich habe gestern das Museum besichtigt.*	✱ *Beispiel:* **Vivió en México el año pasado.** *Er hat letztes Jahr in Mexiko gelebt.*

häufige unregelmäßige Verben

ir: **fui**, **fuiste**, **fue**, ...
estar: **estuve**, **estuviste**, **estuvo**, ...
poder: **pude**, **pudiste**, **pudo**, ...
poner: **puse**, **pusiste**, **puso**, ...
querer: **quise**, **quisiste**, **quiso**, ...
ver: **vi**, **viste**, **vio**, ...
tener: **tuve**, **tuviste**, **tuvo**, ...
venir: **vine**, **viniste**, **vino**, ...
hacer: **hice**, **hiciste**, **hizo**, ...
decir: **dije**, **dijiste**, **dijo**, ...
dar: **di**, **diste**, **dio**, ...
traer: **traje**, **trajiste**, **trajo**, ...

5 hören Tr. 63

La biografía de Gioconda Belli está incompleta. Encuentra las formas y escucha después el audio para comprobar la solución y conocer la pronunciación correcta.
Im Steckbrief von Gioconda Belli fehlt etwas. Finde die Formen und höre dir dann den Hörtext an, um deine Lösungen zu überprüfen und die korrekte Aussprache kennenzulernen.

1. ____________ (nacer) en Managua, Nicaragua, en 1948.
2. ____________ (casarse) en 1967.
3. Su primera hija ____________ (nacer) en 1969.
4. ____________ (empezar) a luchar en contra de la dictadura en 1970.
5. ____________ (exiliarse) en México poco después.
6. ____________ (publicar) su primer libro en 1972.
7. Entre 1972 y 1978 ____________ (obtener) varios premios de poesía.
8. En 1988 ____________ (publicar) su primera novela.

REZEPT

Pico de gallo mexicano

MEXIKANISCHER PICO DE GALLO

Schmecken

Mexiko ist nicht nur das Geburtsland Frida Kahlos, sondern hat auch noch hervorragende kulinarische Spezialitäten zu bieten. **Pico de gallo** bedeutet auf Spanisch *Hahnenschnabel*, weil sich die Schärfe der Jalapeños auf der Zunge so anfühlt, als würde ein Hahn auf ihr herumpicken. **Pico de gallo** ist sehr einfach und schnell zuzubereiten und die Königin der mexikanischen **Salsas**.

Ingredientes:

3 tomates – **1** cebolla pequeña – **1** chile jalapeño – **1** diente de ajo – **1** lima – perejil y cilantro

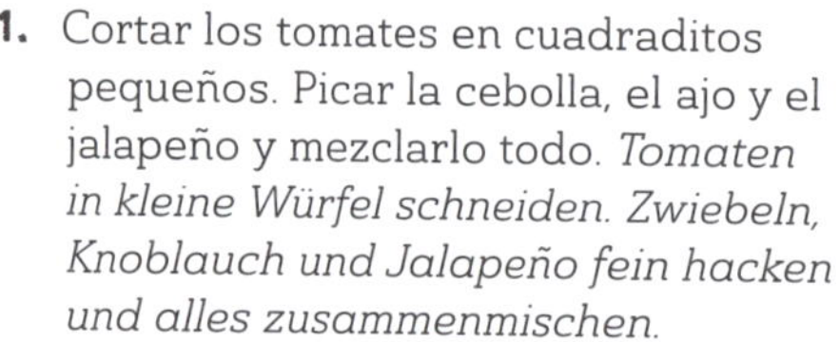

1. Cortar los tomates en cuadraditos pequeños. Picar la cebolla, el ajo y el jalapeño y mezclarlo todo. *Tomaten in kleine Würfel schneiden. Zwiebeln, Knoblauch und Jalapeño fein hacken und alles zusammenmischen.*
2. Exprimir la lima, añadir el zumo de limón, el perejil y el cilantro. Mezclar todo. *Die Limette auspressen und den Limettensaft, Koriander und Petersilie hinzufügen. Alles vermischen.*
3. Sazonar la salsa con sal y pimienta y dejarla en el frigorífico dos horas mínimo. *Die Mischung mit Salz und Pfeffer abschmecken und im Kühlschrank mindestens zwei Stunden ziehen lassen.*

la lima *Limette*
el cilantro *Koriander*
cortar en cuadraditos *würfeln*
picar *hacken*
mezclar *mischen*
exprimir *auspressen*
añadir *hinzufügen*

Leckere Begleiter

Pico de gallo passt zu Nachos, Tacos oder Fajitas oder kann als Beilage zu Fisch oder Fleisch, oder wie italienische Bruschetta auf Baguettescheiben serviert werden.

6 ¡Y ahora sueña un poco con tu próximo viaje! Apunta qué podrías ver, oler o escuchar en un mercado mexicano. Déjate inspirar por las palabras de las primeras unidades.

Und jetzt träum ein bisschen von deiner nächsten Reise! Was würdest du auf einem mexikanischen Markt riechen, sehen oder hören? Lass dich dabei von den Wörtern der ersten Lektionen inspirieren.

riechen
sehen
hören

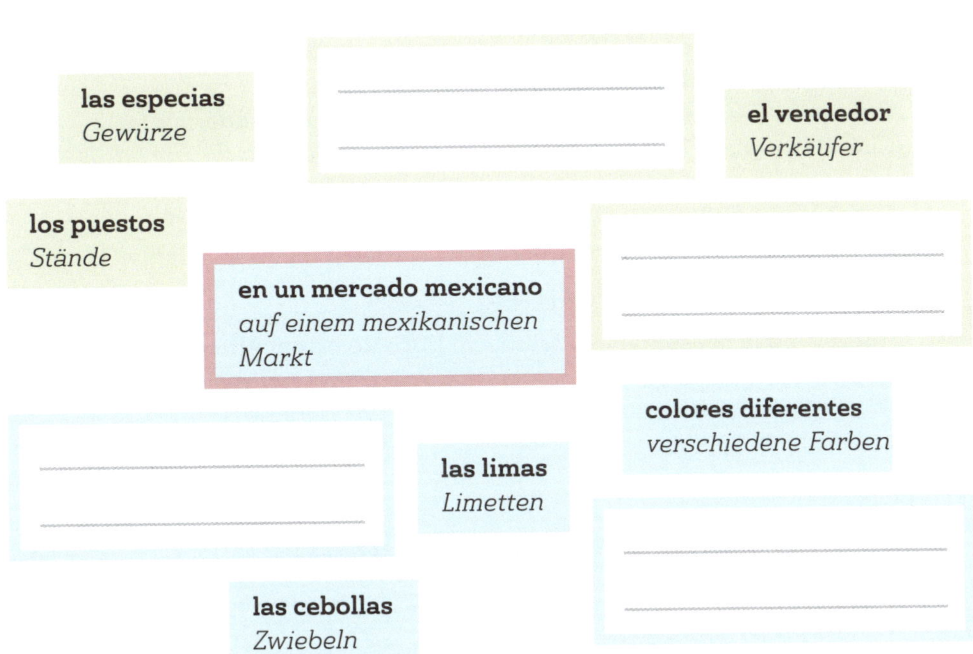

7 ¡Todas estas impresiones! Lee la regla de la caja y rellena los huecos.

Diese ganzen Eindrücke! Lies die Regel im Kasten und fülle die Lücken.

1. ________ la lima
2. ________ el tomate
3. ________ los puestos
4. ________ la cebolla
5. ________ los mercados
6. ________ las especias
7. ________ los colores
8. ________ la salsa

Das Pronomen todo / toda / todos / todas

Dieses Pronomen wird an das Substantiv angeglichen, bei dem es steht:

- **todo el día** *der ganze Tag*
- **toda la película** *der ganze Film*
- **todos los ingredientes** *alle Zutaten*
- **todas las impresiones** *alle Eindrücke*

8 hören Tr. 64

¡De vuelta al mundo del arte y de la literatura! Las siguientes expresiones te ayudan en tu camino. Escúchalas y léelas en voz alta. *Zurück zur Welt der Kunst und Literatur! Die folgenden Ausdrücke helfen dir unterwegs. Höre sie dir an und sprich sie dir laut vor.*

¿Qué exposición hay en este momento?	*Welche Ausstellung zeigen sie gerade?*
¿De quién es este cuadro?	*Von wem ist dieses Gemälde?*
¿Puedo comprar el billete aquí?	*Kann ich die Eintrittskarte hier kaufen?*
¿Cuánto es la entrada?	*Wieviel kostet der Eintritt?*
¿Cuándo empieza la presentación del libro?	*Wann beginnt die Buchpräsentation?*
¿Firma la autora?	*Signiert die Autorin?*
¿Se puede comprar el libro aquí?	*Kann man das Buch hier kaufen?*

9

Quieres ir a la presentación del nuevo libro de Isabel Allende y tienes algunas preguntas. Escríbelas. *Du möchtest zur Präsentation des neuen Buches von Isabel Allende gehen und hast einige Fragen. Notiere sie.*

1. autora ✲ la ✲ Firma

¿...?

2. comprar ✲ aquí ✲ Puedo ✲ la presentación del libro ✲ para ✲ el billete

¿...?

3. empieza ✲ la ✲ del ✲ Cuándo ✲ presentación ✲ nuevo libro

¿...?

ISABEL ALLENDE

Die Werke dieser berühmten Romanautorin aus Chile wurden in 27 verschiedene Sprachen übersetzt, über 51 Millionen Mal verkauft und verfilmt. Sie setzte sich in der Vergangenheit für die Emanzipation von Frauen und die Gleichberechtigung der Geschlechter ein und verfasste auch sozialkritische und feministische Werke.

fühlen

In Bezug auf Kunst und Kreativität gibt es so viel zu entdecken! Bastle dir ein Leporello zu spanischsprachigen Persönlichkeiten aus der Welt der Kunst, Literatur, Musik oder Schauspielerei, die dich inspirieren.

- Dieses Faltheftchen erstellst du am einfachsten mithilfe eines DIN A3-Blattes. Schneide es der Länge nach durch und knicke die beiden Hälften so, dass kleinere Abschnitte im Format A6 entstehen. Klebe dann die beiden Teile aneinander, so dass ein langer Streifen entsteht. Für einen besseren Halt kannst du die erste und letzte Seite des Leporello mit Pappe bekleben.

- Gestalte nun die Seiten deines Leporello: Beklebe sie mit Bildern von Persönlichkeiten, die du interessant findest und notiere darunter oder auf der Rückseite auf Spanisch die wichtigsten Stationen ihrer Biographien.

- Fertig!

♥ Tipp: Besonders schön sieht es aus, wenn du schwarzes Tonpapier für den Hintergrund nimmst und mit einem weißen oder silbernen Stift beschriftest.

Lösungen

1. 1. D, 2. E, 3. C, 4. A, 5. B, 6. F
2. 1. B, 2. C, 3. A
3. 1. atracción turística, 2. exposición, 3. arte, 4. artista, 5. autorretratos, 6. fotos, 7. muralista, 8. museo, 9. murales, 10. feminista
4. 1. a, 2. /, 3. a, 4. /
5. 1. nació, 2. se casó, 3. nació, 4. empezó, 5. se exilió, 6. publicó, 7. obtuvo, 8. publicó
7. 1. toda, 2. todo, 3. todos, 4. toda, 5. todos, 6. todas, 7. todos, 8. toda
9. 1. ¿Firma la autora? 2. ¿Puedo comprar el billete para la presentación del libro aquí? 3. ¿Cuándo empieza la presentación del nuevo libro?

Transkriptionen

TR. 61

- ¡Hola a todos y bienvenidos a otro episodio de Arte y Creatividad! Hoy, vamos a hablar de una mujer fascinante, una mujer que tuvo que enfrentarse a muchos problemas en su vida. ¡De verdad vale la pena hablar de Frida Kahlo! La artista vivió en la Ciudad de México y su casa es conocida como Casa Azul. Después de su muerte fue convertida en un museo. ¡Recomiendo la visita! Frida empezó a pintar ahí, cuando tuvo que quedarse en la cama después de un accidente de tráfico a los 18 años. Su padre construyó la casa antes de su nacimiento, pero luego Frida vivió ahí con su marido Diego Rivera, un artista conocido por sus murales. Vamos a hablar de este artista en el siguiente episodio... | *Hallo zusammen und herzlich willkommen zu einer weiteren Folge von Kunst und Kreativität! Heute werden wir über eine faszinierende Frau sprechen, eine Frau, die in ihrem Leben so viel ertragen musste. Es lohnt sich wirklich über Frida Kahlo zu sprechen! Die Künstlerin lebte in Mexiko-Stadt und ihr Haus kennt man auch als Casa Azul. Nach ihrem Tod wurde es zu einem Museum. Ich empfehle den Besuch! Frida begann dort zu malen, als sie mit 18 nach einem Verkehrsunfall im Bett liegen musste. Ihr Vater hatte das Haus vor ihrer Geburt gebaut, aber später lebte Frida dort mit ihrem Mann Diego Rivera, einem Künstler, der für seine Wandmalereien bekannt ist. Über diesen Künstler werden wir in der nächsten Folge sprechen ...*

TR. 63

- Nació en Managua, Nicaragua, en 1948. | *Sie wurde 1948 in Managua, Nicaragua, geboren.*
- Se casó en 1967. | *Sie heiratete 1967.*
- Su primera hija nació en 1969. | *Ihre erste Tochter wurde 1969 geboren.*
- Empezó a luchar en contra de la dictadura en 1970. | *1970 begann sie gegen die Diktatur zu kämpfen.*
- Se exilió en México poco después. | *Sie ging kurz darauf ins Exil nach Mexiko.*
- Publicó su primer libro en 1972. | *Sie veröffentlichte ihr erstes Buch 1972.*
- Entre 1972 y 1978 obtuvo varios premios de poesía. | *Zwischen 1972 und 1978 erhielt sie verschiedene Auszeichnungen für Lyrik.*
- En 1988 publicó su primera novela. | *1988 veröffentlichte sie ihren ersten Roman.*

Lektionswortschatz

¡Viva el arte y la creatividad!	*Es lebe die Kunst und Kreativität!*
el arte	*Kunst*
la creatividad	*Kreativität*
el/la artista	*Künstler/in*
el/la pintor/a	*Maler/in*
el/la muralista	*Wandmaler/in*
el/la feminista	*Feminst/in*
el autorretrato	*Selbstportrait*
el mural	*Wandmalerei*
el dibujo	*Zeichnung*
las fotos	*Fotos*
el cuadro	*Gemälde, Bild*
el taller	*Werkstatt*
la atracción turística	*Sehenswürdigkeit*
la exposición	*Ausstellung*
la literatura	*Literatur*
la novela	*Roman*
la portada	*Cover*
el/la novelista	*Romanautor/in*
el/la poeta	*Poet/in*
la biografía	*Biografie*
la presentación del libro	*Buchpräsentation*
el episodio	*Folge*
fascinante	*faszinierend*
enfrentar	*sich gegenüber stellen*
la carga	*Belastung*
vale la pena	*es ist es wert*
conocido/a como	*bekannt sein als*
la muerte	*Tod*
fue convertido/a en	*wurde umgewandelt in*
la visita	*Besuch*
aprender	*erfahren*
la cama	*Bett*
el accidente de tráfico	*Verkehrsunfall*
a los 18 años	*mit 18 Jahren*
construir	*bauen*
el nacimiento	*Geburt*
por mucho tiempo	*lange*
imagínate	*stell dir vor*
todavía	*immer noch*
hacerse famoso/a	*berühmt werden*
las ideas	*Vorstellungen*
trágico/a	*tragisch*
morir	*sterben*
sabio/a	*weise*
significar	*bedeuten*
el hueco	*Lücke*
la lección	*Lektion*
ayer	*gestern*
sobre	*über*
tan + adj.	*so + Adj.*
era	*war*
liberal	*liberal*
en cuanto a	*bezüglich*
el papel	*Rolle*
la sociedad	*Gesellschaft*
la preposición	*Präposition*
mirar	*betrachten*
la voz	*Stimme*
la semana pasada	*letzte Woche*
de repente	*plötzlich*
el otro día	*neulich, letztens*
hace tres días	*vor drei Tagen*
después	*danach*
el lunes	*am Montag*
poner (pongo)	*setzen, stellen, legen*
traer (traigo)	*(mit-)bringen*
faltar	*fehlen*
el audio	*Hörtext*
la pronunciación	*Aussprache*
nacer	*geboren werden*
luchar	*kämpfen*
en contra de	*gegen*
la dictadura	*Diktatur*
exiliarse	*ins Exil gehen*
publicar	*veröffentlichen*
obtener un premio	*eine Auszeichnung erhalten*
la lima	*Limette*
el cilantro	*Koriander*
cortar en cuadraditos	*in Würfel schneiden*
picar	*hacken*
mezclar	*mischen*
añadir	*hinzufügen*
las especias	*Gewürze*
el/la vendedor/a	*Verkäufer/in*
los puestos	*Stände*
la impresión	*Eindruck*
la regla	*Regel*
de vuelta	*zurück*
en tu camino	*auf deinem Weg, unterwegs*
la pregunta	*Frage*

¡Bailemos hasta la madrugada!

LASS UNS BIS ZUM MORGENGRAUEN TANZEN!

sehen

Es ist angenehm warm, du hörst Spanisch überall, während du durch die Straßen spazierst. Du bist in Havanna! An der nächsten Straßenecke spielt eine Band Salsa-Musik und jemand lädt dich ein, zu tanzen. Deine Füße bewegen sich plötzlich von alleine, deine Hüfte schwingt ganz automatisch mit. Kannst du es dir vorstellen? Durch diese Lektion bewegst du dich am besten tanzend!

hören
Tr. 65

la escuela de danza
Tanzschule

el/la profesor/a de baile
Tanzlehrer/in

el/la bailador/a
Tänzer/in

la pareja de baile
Tanzpartner, -paar

la pista de baile
Tanzfläche

el paso
Schritt

el concierto
Konzert

el público
Publikum

el grupo musical
Band

la orquesta
Orchester

los instrumentos
Instrumente

el género musical
Musikgenre

la música clásica
klassische Musik

el pop
Pop-Musik

el rock
Rock-Musik

el álbum
Album

la canción
Lied

la letra
Liedtext

el ritmo
Rhythmus

el altavoz
Lautsprecher

Tr. 66

- ¿Quieres bailar?
- ◎ ¡Lo siento, pero no bailo nunca!
- ¿Por qué no? Te puedo explicar los pasos.
- ◎ ¿De verdad? Pero no bailo muy bien...
- No pasa nada, yo tampoco soy un buen bailador, pero se aprende más fácilmente bailando.
- ◎ De acuerdo, gracias. ¿Hay muchos lugares para bailar la salsa aquí en la ciudad?
- Sí, claro, hay varias discotecas.
- ◎ ¿Eres de aquí?
- Vivo en La Habana pero soy de Argentina originalmente.
- ◎ ¿Entonces bailas el tango también?
- Sí, el tango me gusta también. Pero no lo bailo frecuentemente.
- ◎ Tal vez lo voy a aprender algún día, pero mientras estoy aquí me gustaría aprender a bailar salsa.
- ¿Entonces quedamos para otro día en otra discoteca?
- ◎ Me encantaría.

1 hören Tr. 66

¿Quién es? Escucha el diálogo y apunta si las informaciones de abajo corresponden al hombre (h) o a la mujer (m). *Wer ist das? Höre dir den Dialog an und notiere, ob die Informationen zum Mann (h) oder zur Frau (m) passen.*

- **es de Argentina**
- **quiere saber si hay muchas discotecas**
- **no baila nunca**
- **aprende a bailar la salsa**
- **vive en La Habana**
- **baila el tango**
- **quiere enseñar el baile**

2 **Encuentra cuatro palabras que aparecen en el diálogo.** *Finde vier Wörter aus dem Dialog in der Wortschlange.*

SFÁCILMENTERÍPASOSFRECUENTEMENTEERRSEBAILADORÍA

3 **¿Te gusta bailar? Escucha una canción de cada intérprete en la red y relaciona su música con un baile. Luego, marca con los números 1–6 qué bailes te gustaría probar.** *Tanzt du gern? Höre dir im Internet ein Lied von jedem Interpreten an und verbinde ihre Musik mit einem Tanz. Markiere dann, welche Tänze du gerne ausprobieren würdest.*

1. Grupo Niche	•	**A** Tango
2. Camarón de la Isla	•	**B** Flamenco
3. Carlos Gardel	•	**C** Reggaeton
4. María del Monte	•	**D** Salsa
5. Maluma	•	**E** Sevillanas

SEVILLANAS

Dieser Paartanz darf auf keiner andalusischen Feria (Volksfest zu Ostern) fehlen und ist außerdem wunderschön anzusehen! Mann und Frau oder zwei Frauen tanzen miteinander über vier Strophen hinweg eine festgelegte Abfolge von Schritten.

4 **Comprueba si conoces el vocabulario de la primera página.**
Überprüfe, ob du den neuen Wortschatz von der ersten Seite kennst.

1. persona que te enseña a bailar
2. gente que escucha un concierto
3. presentación de música en vivo
4. lugar donde bailas
5. persona feminina que baila
6. el texto en una canción
7. varias canciones juntas, en un disco
8. serie de sonidos repetitivos
9. género musical moderno
10. música de los Rolling Stones

Los adverbios – Die Adverbien

Adverbien der Art und Weise beschreiben, wie etwas getan wird, und beziehen sich somit auf das Verb: **Baila profesionalmente.** *Er/Sie tanzt professionell.*

Du bildest Adverbien, indem du an die weibliche Form der Adjektive die Endung **-mente** anhängst.

tranquilo ➡ **tranquilamente**
feliz ➡ **felizmente**
breve ➡ **brevemente**

✻ Unregelmäßige Formen:
bueno ➡ **bien**
malo ➡ **mal**

✻ Beispiele:
Con este profesor de baile, aprendes a bailar fácilmente. *Mit diesem Tanzlehrer lernst du das Tanzen leicht.*

El profesor explicó los pasos muy bien.
Der Lehrer hat die Schritte sehr gut erklärt.

5 **¡A practicar! Forma los adverbios de los siguientes adjetivos.** *An die Übung! Bilde die Adverbien der folgenden Adjektive.*

1. completo ➡ ____________
2. normal ➡ ____________
3. rápido ➡ ____________
4. bueno ➡ ____________

LERNTIPP

Am einfachsten lernst du Grammatik und Wortschatz einer Fremdsprache, wenn du dir Beispielsätze einprägst. Versuche dies einmal mit den Adverbien, indem du dir einen Satz aussuchst und ihn auswendig lernst. Das funktioniert übrigens auch hervorragend mit Zeilen aus Liedtexten!

6 **¿Qué palabras de esta lección corresponden a las fotos? Apúntalas debajo.** *Welche Begriffe aus dem Lektionswortschatz passen zu den Fotos? Notiere sie darunter.*

1. ____________
2. ____________
3. ____________

REZEPT

Mojito cubano

KUBANISCHER MOJITO

Schmecken

Dir ist vom vielen Tanzen heiß geworden? Dann wird dir das Rezept dieser Lektion Spaß machen: Der **Mojito** ist *das* Nationalgetränk Kubas! Die Hauptzutaten sind Rum, Limetten und frische Minze, aber es gibt auch Varianten mit tropischen Früchten. Der Legende nach verdankt dieser leckere Cocktail seinen Namen Ernest Hemingway, der das Wort **Manojito de menta** (*Minzzweig*) nicht richtig aussprechen konnte.

Ingredientes:

1/2 lima – **1 cucharada** de azúcar blanco de caña – **5 cl** de ron blanco – menta – hielo triturado – **125 ml** de soda

1. Cortar la lima en pedazos. Poner la lima y el azúcar en un vaso y aplastar todo ligeramente con un mano del almirez. *Die Limette in Schnitze schneiden. In ein Glas die Limette und den Zucker geben und mit einem Cocktailstößel leicht zerdrücken.*
2. Poner el ron en el vaso. Aplastar unas hojas de la menta y ponerlas también en el vaso. Llenar 2/3 del vaso con el hielo y añadir la soda. *Den Rum in das Glas gießen. Einige Minzblätter leicht mit den Händen zerdrücken und ebenfalls hineingeben. Das Glas zu zwei Dritteln mit Eis füllen, dann Sodawasser hineingeben.*
3. Remover y decorar con menta a gusto. *Umrühren und nach Belieben mit Minze dekorieren.*

el azúcar de caña *Rohrzucker*
el ron *Rum*
el hielo triturado *Crushed Ice*
la soda *Sprudelwasser*

Virgin Mojito

Für die alkoholfreie Variante kannst du ganz einfach den Rum durch Ginger Ale und Limettensirup oder auch durch Zitronenlimonade oder Tonic Water ersetzen.

LERNTIPP: RIECH DOCH MAL!

Der Duft von Zitronen steigert die Konzentration und spendet Energie! Rieche an einer Zitrone oder an einer Limette, während du dir die Grammatikregeln durchliest!

La doble negación – Die doppelte Verneinung

Möchtest du im Spanischen Sätze mit *nie*, *nichts* oder *niemand* verneinen, wird häufig die doppelte Verneinung genutzt. Schau dir die folgenden Beispiele an:

No escucho nunca música clásica.	*Ich höre nie klassische Musik.*
No veo nada interesante aquí.	*Ich sehe hier nichts Interessantes.*
No conozco a nadie aquí.	*Ich kenne hier niemanden.*

Achtung! Sind **nunca**, **nada** oder **nadie** Subjekt des Satzes, werden sie vorangestellt und nicht doppelt verneint: **Nadie en Alemania conoce este grupo musical.** *Niemand in Deutschland kennt diese Band.*

7 **Practica la doble negación y traduce las frases.** *Übe die doppelte Verneinung und übersetze die Sätze.*

1. Ich tanze in Deutschland nie. (bailar, en Alemania)

______

2. Ich sehe niemanden mit Tanzschuhen. (ver, con zapatos de baile)

______

3. Ich kann von hier aus nichts sehen. (poder ver, desde aquí)

______

4. Er geht nie aus. (salir de fiesta)

______

5. Möchtet ihr nichts trinken? (beber)

______

8

hören

Tr. 67

¡Ven al mundo de la música! Escucha y pronuncia las siguientes expresiones. *Komm mit in die Welt der Musik! Höre dir die folgenden Ausdrücke an und sprich sie laut aus.*

¿Quieres ir al concierto conmigo?	*Möchtest du mit mir zum Konzert gehen?*
¿Quién toca esta noche?	*Wer spielt heute Abend?*
¿A qué hora es la admisión?	*Wann ist Einlass?*
¿Hay unos teloneros?	*Gibt es eine Vorgruppe?*
¿Tenemos billetes para las primeras filas?	*Haben Sie Tickets für die ersten Reihen?*
¡El cantante canta superbien!	*Dieser Sänger singt hervorragend!*
¿Cómo se llama este baile tradicional?	*Wie heißt dieser traditionelle Tanz?*
Este baile se baila en Cataluña.	*Man tanzt diesen Tanz in Katalonien.*

SARDANAS

Bei diesem katalanischen Volkstanz tanzt eine Gruppe miteinander – und zwar im Kreis! Die Tänzer fassen sich an den Händen und und tanzen zur Musik des Orchesters, das den Takt vorgibt. Die Sardana war unter Diktator Franco lange Zeit verboten.

9

¿Te acuerdas de tu última visita a un concierto? *Erinnerst du dich an deinen letzten Besuch auf einem Konzert?* Stelle dir verschiedene Situationen rund um dieses Ereignis vor und führe einen imaginären Dialog mit einem/r Freund/in. Verwende möglichst viele der oben genannten Redemittel. Wenn du das Schreiben üben möchtest, solltest du diesen Dialog auch aufschreiben.

LERNTIPP: SPANISCHE TEXTE

Du kannst dich hervorragend mit Hilfe von kurzen Romanen, Comics oder Liedtexten an die spanische Sprache herantasten. Probier es direkt mal aus!

ACHTUNG, OHRWURM INKLUSIVE!

- Juanes: „Camisa negra"
- Marc Antony: „Vivir la vida"
- Cristian Castro: „Azul"
- Luis Fonsi: „Despacito"
- Álvaro Soler: „La Cintura"
- Edgar Joel & Anthony Colón: „Hasta el sol de hoy"

10 fühlen

¡Dame 5! *Gib mir 5!* Erstelle dein eigenes Dame 5-Spiel, um Wortschatz aus dieser Lektion und älteren Lektionen zu wiederholen. Schneide dir dazu mindestens zehn Karten aus Tonpapier zurecht. Notiere auf jeder Karte drei Themen. Die Themen können auch mehrmals vorkommen.

Um zu spielen, ziehe jeden Tag eine neue Karte und nenne mindestens fünf Wörter zu jedem einzelnen der drei Themen. So wiederholst du nach und nach den Wortschatz deines Spanisch-Kurses!

Du kannst das Spiel nach und nach erweitern, indem du dir auch zur Grammatik Aufgaben stellst, z.B.: Konjugiere das Verb **ser**! Es ist auch möglich, das Spiel zu zweit zu spielen: Wer schafft mehr Wörter in einer vorgegebenen Zeit?!

LERNTIPP: LERNEN MIT ALLEN SINNEN

Mach dir im Hintergrund spanischsprachige Musik an, während du die Vokabeln dieser Lektion lernst oder alte Themen wiederholst. Wenn du verschiedene Sinne beim Lernen anregst, verankert sich das Gelernte leichter im Gedächtnis. Besonders schön ist das übrigens mit der Musik von **Buena Vista Social Club**!

FILMTIPP: BUENA VISTA SOCIAL CLUB

Wenn dir lateinamerikanische Musik gefällt, solltest du dir diesen Film anschauen! Der Dokumentarfilm von Wim Wenders nimmt dich mit in die Musikgeschichte Havannas und erzählt, wie fast vergessene Musiker zueinanderfinden und gemeinsam wunderschöne Musik machen.

Lösungen

1. hombre: es de Argentina, vive en La Habana, quiere enseñar el baile, baila el tango / mujer: quiere saber si hay muchas discotecas, aprende a bailar la salsa, no baila nunca
2. fácilmente, pasos, frecuentemente, bailador
3. 1. D, 2. B, 3. A, 4. E, 5. C
4. 1. profesor de baile, 2. público, 3. concierto, 4. pista de baile, 5. bailadora, 6. letra, 7. álbum, 8. ritmo, 9. pop, 10. rock
5. 1. completamente, 2. normalmente, 3. rápidamente, 4. bien
6. 1. escuela de danza, profesor de baile, bailadores, pareja de baile, pista de baile, paso básico / 2. concierto, grupo musical, instrumentos, público, ritmo / 3. canción, letra, estribillo, ritmo
7. 1. No bailo nunca en Alemania. 2. No veo a nadie con zapatos de baile. 3. No puedo ver nada desde aquí. 4. No sale nunca de fiesta. 5. ¿No queréis beber nada?

Transkriptionen

TR. 66

• ¿Quieres bailar?	*Möchtest du mit mir tanzen?*
• ¡Lo siento, pero no bailo nunca!	*Tut mir leid, aber ich tanze nie!*
• ¿Por qué no? Te puedo explicar los pasos.	*Warum nicht? Ich kann dir die Schritte erklären.*
• ¿De verdad? Pero no bailo muy bien...	*Wirklich? Ich tanze aber nicht sehr gut ...*
• No pasa nada, yo tampoco soy un buen bailador, pero se aprende más fácilmente bailando.	*Das macht nichts, ich bin auch kein guter Tänzer, aber man lernt es leichter durch Ausprobieren.*
• De acuerdo, gracias. ¿Hay muchos lugares para bailar la salsa aquí en la ciudad?	*In Ordnung, danke. Gibt es hier in der Stadt viele Orte zum Salsatanzen?*
• Sí, claro, hay varias discotecas.	*Ja klar, es gibt mehrere Diskotheken.*
• ¿Eres de aquí?	*Kommst du von hier?*
• Vivo en La Habana pero soy de Argentina originalmente.	*Ich lebe in Havanna, komme aber aus Argentinien.*
• ¿Entonces bailas el tango también?	*Also tanzt du auch Tango?*
• Sí, el tango me gusta también. Pero no lo bailo frecuentemente.	*Ja, Tango mag ich auch. Aber ich tanze nicht so oft.*
• Tal vez lo voy a aprender algún día, pero mientras estoy aquí me gustaría aprender a bailar salsa.	*Vielleicht werde ich das auch eines Tages lernen, aber während ich hier bin, würde ich gerne Salsa lernen.*
• ¿Entonces quedamos para otro día en una discoteca?	*Also verabreden wir uns für einen anderen Tag, in einer Diskothek?*
• Me encantaría.	*Das wäre toll!*

Lektionswortschatz

¡Bailemos hasta la madrugada!	*Lass uns bis zum Morgengrauen tanzen!*
la escuela de danza	*Tanzschule*
el/la profesor/a de baile	*Tanzlehrer/in*
el/la bailador/a	*Tänzer/in*
la pareja de baile	*Tanzpartner, -paar*
la pista de baile	*Tanzfläche*
el paso	*Schritt*
el concierto	*Konzert*
el público	*Publikum*
el grupo musical	*Band*
la orquesta	*Orchester*
los instrumentos	*Instrumente*
el género musical	*Musikgenre*
la música clásica	*klassische Musik*
el pop	*Pop-Musik*
el rock	*Rock-Musik*
el álbum	*Album*
la canción	*Lied*
la letra	*Liedtext*
el ritmo	*Rhythmus*
el altavoz	*Lautsprecher*
lo siento	*es tut mir leid*
de verdad	*wirklich*
no pasa nada	*das macht nichts*
tampoco	*auch nicht*
fácilmente	*leicht, einfach*
originalmente	*ursprünglich*
entonces	*also*
frecuentemente	*häufig, oft*
tal vez	*vielleicht*
mientras	*während*
quedar	*sich verabreden*
abajo	*unten*
corresponder a	*passen zu*
enseñar	*beibringen, zeigen*
la palabra	*Wort*
el intérprete	*Interpret*
la red	*Netz*
relacionar	*verbinden*
dar clases	*Unterricht geben*
que	*der, die, das*
en vivo	*live*
el texto	*Text*
diferente	*anders, verschieden*
la serie	*Reihe*
en vivo	*live*
el sonido	*Ton, Geräusch*
profesionalmente	*professionell*
feliz	*glücklich*
breve	*kurz*
malo	*schlecht*
completo	*komplett*
normal	*normal*
azúcar de caña	*Rohrzucker*
el ron	*Rum*
la menta	*Minze*
el hielo triturado	*Crushed Ice*
la soda	*Sprudelwasser*
cortar en pedazos	*in Stücke/Schnitze schneiden*
el vaso	*Glas*
aplastar	*zerdrücken*
ligeramente	*vorsichtig, leicht*
la mano del amirez	*Mörser, Stößel*
la hoja	*Blatt*
remover	*umrühren*
decorar	*dekorieren*
los zapatos de baile	*Tanzschuhe*
desde aquí	*von hier*
pronunciar	*(laut) aussprechen*
último/a	*letzte/r*

Bildnachweis

Adobe Stock, Dublin: 4.3 ff. (vectorplus); **6.1** ff.**, 18.11, 29.5, 138.7** (Jacob Lund); **6.2** ff. (Anna Om); **8.7** ff. (nito); **8.12** (dimbar76); **9.1** (oleg_p_100); **13.1** ff. (bulgn); **18.5** (Joana Kruse); **18.6** (mdworschak); **18.7** ff. (Claudia Paulussen); **18.13** (pololia); **18.17** (Budimir Jevtic); **18.19** (navee); **22.2** (HandmadePictures); **24.5** (Angelina Bambina); **28.5** (pressmaster); **32.2** (davidaguerophoto); **38.6** (Miguel); **38.7** (lunamarina); **38.17, 80.7** (nipaporn); **38.22** (rbcat); **39.1** (travelbook); **39.4** (Sonulkaster); **40.6** (JustLife); **40.7** (Africa Studio); **40.8, 64.6, 69.1** (DisobeyArt); **42.2** (isaphoto2016); **48.11** (tashka2000); **48.23** ff. (photocrew); **49.1** (Irina Schmidt); **49.6** ff. (Elena Schweitzer); **49.7** (nakornchaiyajina); **50.9** (Pakhnyushchyy); **50.15** (jordi2r); **52.3** (Sławomir Fajer); **53.2** (TTLmedia); **53.6** (bit24); **53.8** (al62); **55.4** (IntelWond); **58.15** (vulcanus); **58.17** (Andrés); **59.1** (Olaf Speier); **60.5** ff. (Christopher Meder); **60.7** ff. (Paolese); **62.1** ff. (undrey); **62.4** (nedim_b); **63.3** (jd-photodesign); **63.4** ff. (MiguelAngelJunquera); **63.5** (ant); **63.6** (muratart); **63.7** (Melinda Nagy); **63.8** (anatoliy_gleb); **64.5** (auremar); **64.7** (sframe); **64.8** (maewshooter); **68.5** ff. (olelia); **68.10** (jkraft5); **68.12** (Klaus Eppele); **68.13** (Alexey Kozak); **68.14** (Toniflap); **68.16** ff. (kohy); **68.18** (Elit studio); **68.20** (Cmon); **68.21** (JFL Photography); **69.2** (visualathlete); **69.5** (christian vinces); **69.6** (choupi33); **69.8** ff. (refresh(PIX)); **69.9** (gavioneta); **69.10** (Fotolia 593); **69.11** (tr3gi); **70.11** (Fotos 593); **71.3** (irmaiirma); **72.3** (Rina); **73.3** (iris); **73.4** (petrsalinger); **73.5** ff. (davidionut); **78.3** (Mirko Raatz); **78.6** (Lyd Photography); **78.7** (ogdan Lazar); **78.8** (Jenifoto); **78.9** (tech_studio); **78.11** (joserpizarro); **78.13** (Lars Koch); **78.16** (Pabkov); **78.17** (Natalia Danecker); **78.20** ff.**, 78.21** ff.**, 83.6, 130.8** (JackF); **79.1** (PhotoGranary); **80.1** ff. (ckybe); **80.5** (spanish_ikebana); **80.8** (pilipphoto); **80.10** (david_franklin); **82.3** (M.studio); **83.7** (efesenko); **88.7** (navintar); **88.18** (HamsterMan); **90.9** (Andy Ilmberger); **93.6** (olllikeballoon); **93.8** ff. (shchus); **98.7** (by-studio); **98.10** (golubovy); **98.20** (nuclear_ lily); **98.23** (Irina); **99.8** (MarkRademaker); **99.9** (leremy); **99.11** (Cherstva); **99.13** (Voranee); **102.3** (Steidi); **104.4** (oscar); **105.2** (Fiedels); **108.4** (DURIS Guillaume); **108.19** (Soloviova Liudmyla); **108.21** (maartenhoek); **109.1** (Max Maximov); **109.2** (Martin Schütz); **110.4** (Rainer Fuhrmann); **110.5** (pikoso. kz); **110.7** (panaramka); **112.3** (PANORAMO); **114.5** (Degroote Stock); **114.10** (Roberto); **118.4** (tanaonte); **118.6** (Gina Sanders); **118.8** (l_martinez); **118.11** (Tupungato); **118.15** (benitojuncal); **118.16** (Brad Pict); **118.20** (industrieblick); **118.23** (fotofabrika); **119.1** (simona); **122.2** (Álvaro Germán Vilela); **123.2** ff. (Ladychelyabinsk); **128.6** (Piman Khrutmuang); **128.14** ff. (JUAN CARLOS MUNOZ); **128.19** (Raquel Pedrosa); **133.3** (Loes Kieboom); **138.4** (gio_tto); **138.6** (mfgonz); **138.8** (sforzza); **138.9** (mm); **138.19** (johan10); **138.21** (mainherzblut); **138.22** (Rawpixel. com); **139.1** (Anton Ivanov Photo); **142.2** (FomaA); **148.4** (lanara@bk.ru); **148.5** (Laura); **148.8** (Christian Schwier); **148.15** (Ivan Kurmyshov); **148.18** (jehafo); **148.19** (nataliaderiabina); **148.21** (panitan); **148.22** (saragraphika); **148.23** (insta_photos); **150.7** (Tandem); **151.3** (Kzenon); **152.2** (Brent Hofacker); **155.3** ff. (stuartbur); **155.5** (emuck);

Fotolia, New York: 8.13 (contrastwerkstatt); **8.14** (Maksim Shebeko); **8.16** (rangizzz); **8.18** (michaeljung); **8.20** (135pixels); **8.23** (Yuri Arcurs); **11.13** (bit24); **18.16** (goodluz); **18.18** (Friday); **28.11** (Andrea Karelias); **28.21** (Viorel Sima); **38.4** (gstockstudio); **38.9** (javier brosch); **38.10** (Carola Schubbel); **38.14** (Marie Capitain); **48.5** (vladimirfloyd); **48.6** (Kondor83); **58.9** ff. (Smileus); **58.19** (De Visu); **63.2** (dima266f); **63.9** (Maksym Protsenko); **68.4** (M.Rosenwirth); **83.5** (JFL Photography); **88.11** (luchshen); **88.21** (rilueda); **98.8** (ARochau); **98.11** (Anton Gvozdikov); **98.22** (Stefan Schurr); **108.16** (Paul Lampard); **108.18** (Jürgen Fälchle); **114.7** (grafikplusfoto); **118.13** (sanjagrujic); **118.14** (Michael Schindler); **128.7** ff. (Andrey Armyagov);

Getty Images, München: U1 (Utro_na_more); **4.1** ff.**, 130.1** ff. (Galina Kamenskaya); **8.1** ff. (Svetlana Orusova); **8.24** (10';000 Hours); **9.2** ff. (hugolacasse); **10.1** ff. (DawnSuffling); **10.3** ff.**, 59.2** ff. (ulimi); **11.10** (Klaus Vedfelt); **11.11** (MesquitaFMS); **11.12** (LauriPatterson); **12.1** ff. (topform84); **14.5** (Nataleana); **15.1** ff. (paladin13); **15.7** ff. (Anna Pavlovetc); **18.1** ff. (Zeynurbaba); **19.1** (yoh4nn); **20.1** ff. (Gokcemim); **20.4** ff. (kostenkodesign); **28.1** ff. (Arelix); **28.16** (damircudic); **28.18** (Rocky89); **28.23** (ninjaMonkeyStudio); **29.3** (m-imagephotography); **29.4** (Shannon Fagan); **29.6** ff. (LokFung); **30.1** ff. (Suriko); **38.1** ff. (desifoto); **38.13** (skynesher); **38.18** (egal); **38.19** (Julia Manga); **39.3** ff. (Ollustrator); **40.1** ff. (Anastasiia-Ku); **41.2** ff. (jamtoons); **45.2** (FrankRamspott); **48.1** ff. (IrynaDanyliuk); **48.9** ff. (tashka2000); **48.16** (semenovp); **48.18** (Kwangmoozaa); **50.1** ff. (Mercedes Rancaño Otero); **55.2** ff.**, 93.3** ff. (kyuree); **55.3** (gilaxia); **58.1** ff. (Sasha Wallis); **58.16** (Savushkin); **60.1** ff. (lila-love); **68.1** ff. (Irina Griskova); **68.11** (dmodlin01); **69.4** (powerofforever); **70.1** ff. (LizaLutik); **70.7** (Nithid); **70.9** (agustavop); **78.1** ff. (chekiwart); **78.15** (nito100); **85.4** (CreativeArchetype); **88.1** ff. (nTaash); **88.8** (poligonchik); **88.19** (Hinterhaus Productions); **90.1** ff. (Esra Sen Kula); **90.5** (Pineapple Studio); **94.3** ff. (ONYXprj); **95.4** (Volha Kratkouskaya); **98.1** ff. (Bezvershenko); **98.19** (Michael H); **99.1** (Ben Pipe Photography); **99.4** ff. (Kittisak_Taramas); **100.1** ff. (mikemcd); **108.1** ff. (Tolchik); **108.7** (Vicenfoto); **108.17** (EllenM); **110.1** ff. (Mohamed Rasik); **118.1** ff. (Bigmouse108); **118.5** (Csondy); **118.19** (Yamini Chao); **120.1** ff. (franz45); **125.3** (wundervisuals); **128.1** ff. (Olga Shevchenko); **128.5** (Kinga Krzeminska); **128.9** (Danny Lehman); **128.11** (Luis Diaz Devesa); **128.12** (Chris Sattlberger); **128.13** (sigurcamp); **128.15** (robilusso); **128.16** (Carol Yepes); **128.21** (acavalli); **128.22** (Hill Street Studios); **129.1** (martin-dm); **130.7** (JackF); **135.4** (happyfoto); **138.1** ff. (Ekaterina Gomzina); **140.1** ff. (los_ojos_pardos); **148.1** ff. (saenal78); **148.6** (Matteo Colombo); **148.16** (bluebird13); **148.20** (Image Source); **150.1** ff.

(dinkaspell); **153.1** (jpgfactory);
iStockphoto, Calgary, Alberta: 8.6 (Paul Cowan); **8.15** (GVictoria); **18.3** (cnythzl); **28.12** (Portra); **28.22** (HAYKIRDI); **50.10** (Winterberg); **60.6** ff. (Floortje); **68.3** (Alija); **90.10** (tyler olson); **98.5** (alvarez); **108.10** (mbbirdy);
PONS GmbH, Stuttgart: 83.2 (PONS);
Shutterstock, New York: U1 (Inna Ogando); **7.2** ff. (Lesinka372); **8.3** (PHB.cz (Richard Semik)); **8.4** (thobo); **8.5** (Maria Uspenskaya); **8.9** ff. (Catarina Belova); **8.11** (Photomarine); **8.17** (Patryk Kosmider); **8.19** (Rainer Lesniewski); **8.21**, **38.3**, **98.4** (Monkey Business Images); **8.22** (slava296); **9.3** ff. (Undrey); **10.4** ff., **32.1** ff., **70.3** ff., **99.7** ff. (primiaou); **11.14** ff. (Tiwat K); **12.3** (vasanty); **12.4** ff., **22.1** ff. (Victoria Sergeeva); **13.1** ff. (Volina); **14.2** ff. (Maria Averburg); **15.3** (Svetlana Chekhlova); **15.5** ff. (paulista); **18.2** (Shaggyphoto); **18.4** (Beto Chagas); **18.9**, **38.12**, **98.6** (Pressmaster); **18.12** (Kzenon); **18.15**, **25.4** (wavebreakmedia); **18.20** ff. (Marlene Vicente); **25.2** ff. (Rebellion Works); **28.4**, **38.5** (michaeljung); **28.6** (Yuliya Evstratenko); **28.8** (Alliance); **28.9** (Diego Cervo); **28.13** (Harbucks); **28.14** (ElRoi); **28.19** (LightField Studios); **28.20** (rehanq); **29.2** ff. (whitemomo); **30** (Arina Yastrebova); **30** (Denis Makarenko); **30** (Featureflash); **30** (Tinseltown); **30.3** (Avis De Miranda); **30.5** (Andrea Raffin); **34.3** ff. (ta_samaya); **35.2** ff. (Orfeev); **38.8** (Skumer); **38.11** ff. (Jose Angel Astor Rocha); **38.15** (Natalia Mylova); **38.16** (tetxu); **38.20** (Israel Hervas Bengochea); **38.21** (marilyn barbone); **40.4** ff. (Prokhorovich); **40.5** (Roman Samborskyi); **43.3** ff. (Pinchuk Oleksandra); **48.4** (Karana); **48.7** (gori910); **48.8** (DUSAN ZIDAR); **48.10** (Anna_Pustynnikova); **48.13** ff. (Jag_cz); **48.14** (Lucky Business); **48.15** ff. (Juliy Koval); **48.17** (hutch photography); **48.19** (Tanya Stolyarevskaya); **48.20** (tasha_lyubina); **48.21** (arousa); **49.4** ff., **119.2** ff. (AuraArt); **49.5** (Mariyana M); **49.8** (Tim UR); **49.9** ff. (Evgenyi); **50.7** (Adisa); **50.8** (Studioimagen73); **53.4** (Dobo Kristian); **53.5** (Aaron Amat); **53.11** (Oleksandr Rybitskiy); **53.12** (ffolas); **58.3** (Olha Rohulya); **58.5**, **118.7** (Iakov Filimonov); **58.6** (Roman Sakhno); **58.10** (Digoarpi); **58.12** (Lev Kropotov); **58.14** (Jacek Fulawka); **58.18** (De Visu); **58.20** (Masson); **58.21**, **88.14**, **148.14** (Africa Studio); **58.22** (Vilainecrevette); **59.4** ff. (PedroNevesDesign); **63.10** (Sebas Adrover); **65.3** ff. (Irina Yuzh); **68.2** (alicedaniel); **68.6**, **133.7** ff. (sirtravelalot); **68.9** ff. (leungchopan); **68.15** (CCat82); **68.19** (Rad Radu); **70.4** (LongQuattro); **70.6** (Tanwa Kankang); **70.10** (pisaphotography); **75.2** (mghstars); **75.3** ff. (VectorPot); **78.4**, **78.5** (Marques); **78.10** (Karol Kozlowski); **78.12** (Wendy Naepflin); **78.14** (Ethan Andrews); **78.18** ff. (Tupungato); **78.19** ff., **148.7** (Ander Dylan); **78.22** (holbox); **79.2** ff. (Artur Balytskyi); **80.6** (The Sun photo); **80.9** (Julia Sudnitskaya); **80.11** (Stepanych); **80.12** (apidach); **81.2** ff. (redchocolate); **84.9** (mimagephotography); **85.2** ff., **110.8** ff. (mhatzapa); **88.2** (Roman Sigaev); **88.3** (Enrika Samulionyte); **88.4** (DragonImages); **88.10** (akachai); **88.15** (Scott-lee); **88.17** (Yulia Grigoryeva); **88.20** (Photographee.eu); **89.1** (vvvita); **90.6** (Maximillian cabinet); **90.7** (Ratov Maxim); **90.8** (davidsansegundo); **92.3** (JM Travel Photography); **93.7** ff. (artnLera); **98.12** (kazuya goto); **98.14** (Andrey_Popov); **98.15** (Syda Productions); **98.16** (Andrii Kobryn); **98.17** (sattahipbeach); **98.18** (imtmphoto); **98.21** (Popartic); **99.3** ff. (Margarita Steshnikova); **99.6** ff. (Aliaksandr Radzko); **108.5** (mkrol0718); **108.11** (Mimadeo); **108.12** (Pakhnyushchy); **108.13** (Jacinto Marabel Romo); **108.14** (Sergej Onyshko); **108.22** (Marcus_Hofmann); **109.4** ff. (Minur); **110.6** (maxpro); **110.14** ff. (Rena Design); **113.2** (MaxMaximovPhotography); **113.4** (Daniela Pelazza); **114.9** (Rabbitmindphoto); **114.11** (nadtochiy); **114.12** (scott mirror); **118.9** (VanderWolf Images); **118.10** (Elena Dijour); **118.12** (Kurt Kleemann); **118.17** (Andrey Burstein); **118.18** (liza54500); **118.22** (margostock); **120.4** (Denis Lytiagin); **123.4** (ONYXprj); **125.4** (GoodStudio); **128.4** (Carlos Amarillo); **128.8** (Caron Badkin); **128.10** (Migel); **128.17** (Melinda Nagy); **128.18** ff. (phatymak';s studio); **128.20** (SandiMako); **128.23** (weter 777); **132.4** (Elena Diego); **133.5** (Lady Kirschen); **133.6** (BearFotos); **133.9** (Vivvi Smak); **133.10** (David Ionut); **138.5** (Pixel-Shot); **138.10** (babayuka); **138.12** (Everett Collection); **138.13** (Joseph Sohm); **138.16** (jorisvo); **138.17** (Dokmaihaeng); **138.18** (Ralf Liebhold); **138.20** (Oleksii Didok); **140.4** (Markus Wissmann); **148.11** (Halfpoint); **148.13** (Igor Bulgarin); **148.17** (Naumova Ekaterina); **149.2** ff. (GooseFrol); **151.4** (Christian Bertrand); **151.5** (Cast Of Thousands); **154.5** (Natursports); **51.14** ff.**;**
Thinkstock, München: 18.10 (4774344sean); **18.14** (IPGGutenbergUKLtd); **18.21** (Jupiterimages, Creatas Images); **18.22** (DragonImages); **28.7** (Kirill Zdorov); **28.10** (NinaMalyna); **28.15** (mykeyruna); **28.17** (Jacek27); **31.2** (lcs813); **48.12** (funkybg); **48.22** (Kuvona); **49.10** ff. (bajinda); **50.13**, **53.10** (Purestock); **58.4** (VV-pics); **58.7** ff. (Fuse); **58.8** ff. (Mihai Simonia); **58.11** (Monkey Business Images Ltd); **58.13** (Toltek); **84.6** (shironosov); **88.5** (Scovad); **88.6** (JZhuk); **88.9** (AnikaSalsera); **88.12** (razyph); **88.13** (archideaphoto); **88.16** (in4mal); **98.9** (Thomas Northcut @ Getty Images); **108.3** (Korovin); **108.9** (Lonely_); **108.20** (Wavebreakmedia Ltd); **118.21** (alco81); **138.15** (Jupiterimages); **148.10** (toxawww)

Grammatik ohne Drama

Erste Grundkenntnisse bis fortgeschrittene Sprachkenntnisse

Du kommst bei manchen Spanisch-Grammatikthemen immer wieder ins Stolpern? Mach Grammatik zu deinem Freund – ganz ohne Drama. Wie das geht? Ganz einfach:

- **Aufs Wesentliche konzentrieren:** Such dir die Themen aus, bei denen du Schwierigkeiten hast. Zu jedem Thema wird **das Wichtigste** erklärt – der Fokus liegt auf den Dingen, die du wirklich wissen musst.
- **Unterhaltsam und alltagsnah:** Viele **Zitate und Beispiele** aus dem spanischen Alltag machen es dir leicht, mit Spaß bei der Sache zu bleiben und dir die Grammatik besser einzuprägen.
- **Erst Theorie, dann Praxis:** Wenn zu einem Thema alles klar ist, trainiere anschließend mit **lockeren, abwechslungsreichen Übungen**.

ISBN: 978-3-12-562364-4